LE RITE FUTURA

Une vision nouvelle de la Franc-Maçonnerie

pour

Bâtir, Construire, Créer

en 33 degrés

R. - C. HUQLOSA

Tome 1

2ème édition

R. - C. HUQLOSA

Le Rite FUTURA

Une vision nouvelle de la Franc-Maçonnerie

pour

Bâtir, Construire, Créer

en 33 degrés

Tome 1

2ᵉᴹᴱ édition

Reproduction de tout ou partie de cet ouvrager interdite
sans autorisation. Contact : rite.futura@free.fr

Les trente-trois degrés du Rite FUTURA

Une progression initiatique en 33 degrés basée sur le Savoir, la Connaissance, l'Intelligence et la valeur humaniste des Hommes, afin de

Bâtir, Construire, Créer

LOGES SYMBOLIQUES
Devenir Maître et se transcender
1. Apprenti — L'homme se perfectionne
2. Compagnon — L'homme s'élève
3. Maître — L'homme se transcende

LOGES ALLÉGORIQUES
L'homme imagine l'irréel. Construire avec l'Utopie, l'Irréel, le Virtuel et l'Imaginaire
4. Maître de l'Arche
5. Maître de Patmos
6. Maître de Babel

LOGES D'ÉLÉVATION
L'homme construit, matériellement et spirituellement, dans les trois dimensions de l'Espace et de la Pensée. Il devient architecte
7. Maître Egéen
8. Maître Edificateur
9. Maître de Stonehenge
10. Maître de Saqqarah
11. Maître Architecte

LOGES DE CRÉATION
L'homme pénètre les secrets de grandes constructions de l'Humanité. Il approfondit les notions du temps, du Savoir, de la Connaissance et de la Création
12. Bâtisseur de Khéops
13. Bâtisseur de Babylonne
14. Bâtisseur d'Ephèse
15. Bâtisseur d'Olympie
16. Bâtisseur de Mausole
17. Bâtisseur de Rhodes
18. Bâtisseur d'Alexandrie
19. Bâtisseur d'Héliopolis
20. Ordonnateur du Temps
21. Docte
22. Creator

LOGES DE SAGESSE
L'Homme visite la spiritualité de grands bâtisseurs de Lois et de civilisations. Il devient Maître de Lumière
23. Le Sage de Vastu shastra
24. Le Sage du Temple
25. Le Sage de Persépolis
26. Le Sage de Hangu
27. Le Sage de Qufu
28. Le Sage de Bénarès
29. Le Sage de Nazareth
30. Le Sage d'Hira
31. Maître de Lumière

LOGES DE GOUVERNANCE
L'homme fédère ses semblables pour Bâtir, Construire et Créer. tout en s'élevant spirituellement. Il atteint la plénitude et Gouverne
32. Grand Fédérateur
33. Très Illustre Gouverneur

Dédicace à :

- Ceux qui gravent l'aventure humaine dans les traces du temps ;

- Ceux qui consacrent leur intelligence à l'Homme ;

- Ceux qui Bâtissent, Construisent et Créent pour enrichir l'odysée humaine ;

- Ceux qui n'attendent rien des autres, mais exigent tout d'eux-mêmes ;

- Ceux dont le regard et l'espérance atteignent l'infini ;

- Ceux qui Bâtissent pour organiser le monde,
  qui Construisent l'Edifice selon un plan déterminé,
  qui Créent pour l'enrichissement de l'Homme

- Louise, Hugo, Quentin ... et Robert

- Toi qui te reconnaîtras dans ces pages

Franc-Maçon, Franc-Maçonne, Homme, Femme

Si ...

- Tu crains de penser différemment
- Tu conserves et te complais aveuglément dans tes habitudes
- Tu refuses de parcourir un chemin nouveau
- Tu t'enfermes dans le dogme
- Tu préfères accepter sans combattre
- Tu consens à baisser la tête devant la tyrannie
- Tu mets genoux à terre
- Tu arrêtes tes constructions
- Tu renonces à la création
- Tu feins d'ignorer les Lois de l'Univers
- Tu fuis l'utopie
- Tu méprises la raison
- Tu restes enfermé dans tes croyances
- Tu ne donnes aucun sens à ta vie
- Tu privilégies la facilité face à l'effort
- Tu crois être le centre du Monde
- Tu n'écoutes pas l'autre
- Tu juges sans comprendre
- Tu ne fédères pas les humains
- Tu crois Connaître sans Savoir et Savoir sans Connaître
- Tu propages la passion sans discernement
- Tu méprises la spiritualité et ignores la métaphysique
- Tu te méfies de la nouveauté qui t'effraie
- Tu caches un esprit formaté
- Tu attends tout des autres et peu de toi-même
- Tu crains de rejoindre ceux qui pensent...

Alors, ne lis pas cet ouvrage, il ébranlerait tes illusoires certitudes.

Avant-Propos

CHOISIR " FUTURA " COMME NOM DU RITE, C'EST EXPLORER, DÉCIDER ET AGIR DANS LE MONDE À PARTIR DE LA TRADITION

La Franc-Maçonnerie se fonde sur une **Spiritualité** *et une* **Tradition** *qui traversent le temps, sans subir d'altération sur le fond. Son esprit et son éthique sont immuables car ils s'intègrent à la Loi de l'Univers et ne peuvent y déroger.*

En revanche, se différenciant des " Livres Sacrés ", immuables, les rituels et les modes opératoires qui l'enrichissent, évoluent.

L'Homme d'aujourd'hui, comme celui de demain, doit et peut, à travers les rituels augmenter le champ de ses réflexions en relation directe avec le Savoir et la Connaissance qui s'accroissent exponentiellement avec le Temps. Alors pourquoi faire compliqué lorsque l'on peut faire simple ?

Jusqu'à quand ? Jusqu'où ? Des limites existent-elles ?

Imprégné par les intelligences humaines qui ne cessent de chercher et de trouver, le Rite FUTURA répond à chacune de ces exigences évolutives qui en constituent l'ossature.

L'auteur de cet ouvrage, mesure la demande croissante et le besoin profond d'aborder tous les sujets non politiques et non religieux, d'ordre spirituel qui aiguisent l'esprit humain, jour après jour dans le but de **Bâtir, Construire et Créer.** *Le Rite Futura s'adresse aux* **Hommes, porteurs de projets.**

Sachant qu'au cours des vingt premières années du XXIème siècle, le nombre de découvertes dépasse celui des inventions et des innovations produites par l'Homme depuis son origine, un nouveau paradigme maçonnique, adapté à ce nouvel élan spirituel, s'impose, dès à présent aux Hommes de progrès et d'espérance.

La Franc-Maçonnerie pratiquée au Rite FUTURA ambitionne de préparer l'Homme à établir une stratégie cognitive destinée à entrevoir et pressentir l'incroyable multitude de conjonctures qu'il affrontera et qu'il devra surmonter tout au long de sa brève existence.

Le Rite FUTURA s'édifie autour d'une « méthode » ; méthode maçonnique innovante de penser, débarrassée de toute certitude dogmatique, une méthode ouverte à l'autre, ouverte au monde. Ce Rite ambitionne de :

Métamorphoser " l'Apprenti " en " Gouverneur ".

Apprendre à penser maçonnique quelque soit le sujet.

Tel est l'objectif de ce Rite constitué de quatre tomes :

- *le premier décrit de façon synoptique les trente-trois degrés du Rite FUTURA ;*
- *les trois suivants, proposent pour chacun de ces 33 degrés un rituel exhaustif.*

- *Ce premier tome contient :*
    - *des informations se rapportant au Rite FUTURA enrichies de plus de 1300 thèmes de réflexion ;*
    - *la présentation synoptique de chacun des trente-trois degrés ;*
    - *de multiples dessins et photos, la quasi totalité de l'auteur (voir rubrique " crédits photos ").*

Chacun de ces trente-trois chapitres propose :

- *le titre du grade ;*
- *la légende du grade (légende qui n'apparaît qu'à partir du troisième degré) ;*
- *les mots, âges et heures d'ouverture et de fermeture des travaux ;*
- *les décors du grade ;*
- *l'organisation matérielle du Temple ;*
- *l'éthique du grade ;*
- *une série d'objets spécifiques présentés en tant que symboles et éléments de réflexion ;*
- *quelques premiers sujets de méditation.*

Ces informations soulignent la grande diversité et la puissance du Rite FUTURA au niveau :

- *des symboles et des légendes ;*
- *des thèmes de réflexion ;*
- *de l'éthique des grades ;*
- *des objets ;*
- *des sons frappés ou musicaux, des lumières, des couleurs, des nourritures, des parfums : tout ce qui interpelle les cinq sens.*

Ce document synthétique s'adresse :

- *aux Franc-Maçons aguerris qui souhaiteraient rejoindre et pratiquer le Rite FUTURA*
- *aux futurs postulants avides de spiritualité, désireux de découvrir les grandes orientations de la Franc-Maçonnerie à travers ce Rite, avant de s'y engager.*
- *à ceux qui, après avoir franchi la porte du Temple, ambitionnent légitimement depuis le grade " d'apprenti, " à devenir " Gouverneur ".*

Le Chemin Initiatique constitue un Chemin de Découverte, de Liberté de Pensée et d'Action. Quel que soit l'itinéraire parcouru, le postulant recevra l'empreinte invisible et indélébile qui lui permettra d'affirmer :   **" Franc-Maçon d'un jour, Franc-Maçon toujours "**

Ce rite relie les Frères au passé afin de préparer l'avenir des hommes de demain.

Cet ouvrage présente de multiples aspects de ce nouveau Rite FUTURA qui, évolutif et dynamique, contribue à améliorer l'Homme, tout en restant fidèle à la Tradition maçonnique.

Au Rite FUTURA rien n'est figé. Seuls les Principes fondateurs de la Franc-Maçonnerie restent intangibles.

Libre à chacun de les observer, de les respecter, de les enrichir ou de se démettre.

Le Rite FUTURA est un Rite Initiatique et Traditionnel, spécificités que nous avons voulu affirmer à travers ce manuel et les rituels qui s'y rattachent.

Enfin cet ouvrage s'adresse aux hommes et aux femmes avides de Savoir, de Connaissance et de Spiritualité qui souhaitent parfaire et rehausser leur vie spirituelle et matérielle selon le fil conducteur qu'ils tissent eux-même, jour après jour et à ceux qui ambitionnent de revenir en Maçonnerie après un si long silence.

R. - C. HUQLOSA
en l'an 2020

DE L'ORIGINE DE LA FRANC-MAÇONNERIE ...

PLUSIEURS DÉCLARATIONS, FONDAMENTALEMENT DIFFÉRENTES ET SOUVENT CONTRADICTOIRES, ATTRIBUENT, UNE ORIGINE PÉREMPTOIRE À LA FRANC-MAÇONNERIE LA RELIANT À DES CONCEPTS OU DES ÉVÉNEMENTS HISTORIQUES, CULTURELS OU RELIGIEUX, SOUVENT ÉLOIGNÉS LES UNS DES AUTRES.

POUR CERTAINS LA FRANC-MAÇONNERIE ÉMERGEA DU NÉANT LORS DE LA GENÈSE DES MYTHES D'ADAM OU DE NOÉ OU BIEN À L'ÉPOQUE DE L'EGYPTE ANTIQUE, DE LA CONSTRUCTION DU TEMPLE DE SALOMON, DU DÉVELOPPEMENT DES CORPORATIONS DE BÂTISSEURS, DU SAINT EMPIRE ROMAIN GERMANIQUE, DES CONSTRUCTIONS DES CATHÉDRALES MOYENÂGEUSES, DE L'ORDRE DU TEMPLE, DES CROISADES (DISCOURS DE RAMSAY), ETC. CHACUN TENTANT DE S'APPROPRIER L'ORDRE MAÇONNIQUE, LE RÉDUISANT AINSI AU PARTICULARISME.

CES NOMBREUSES INFLUENCES CRÉÈRENT UNE MULTITUDE DE RITES PRATIQUÉS PAR DES OBÉDIENCES MAÇONNIQUES QUI NE SE RECONNAISSENT PAS TOUJOURS ENTRE ELLES, OUBLIANT EN CELA LE CARACTÈRE UNIVERSEL DE L'ORDRE.

****

CONSIDÉRANT LE POSTULAT QUI DÉFINIT LA FRANC-MAÇONNERIE COMME D'ESSENCE :

- CONSTRUCTIVE ;
- SYMBOLIQUE ;
- TRADITIONNELLE ;
- RITUELLE,

SON ORIGINE EST HOMOLOGUÉE DÈS LORS QUE CES QUATRE ASPECTS SONT RÉUNIS POUR LA PREMIÈRE FOIS DE FAÇON CONSCIENTE DANS L'HISTOIRE DES HOMMES ET QUI SE PERPÉTUENT DE GÉNÉRATIONS EN GÉNÉRATIONS.

POUR LE RITE FUTURA, CES QUATRE CONFIGURATIONS SE FÉDÈRENT LES UNES AVEC LES AUTRES, DÈS L'INSTANT OÙ L'HOMME PENSANT SORTAIT DE L'ANIMALITÉ ET APPLIQUAIT, CONSCIEMMENT OU NON, CES PRÉCEPTES. AU VU DE CETTE CONSIDÉRATION, L'ESSENCE DE LA FRANC-MAÇONNERIE GERME DÈS L'AUBE DE L'HUMANITÉ :

LORSQUE L'HOMME CREUSAIT DES TOMBAUX POUR SES FILS ET SES FRÈRES (**CONSTRUCTION**), LES ORNAIT D'OBJETS CHOISIS (**SYMBOLISME**) ET TRANSMETTAIT UN HÉRITAGE SPIRITUEL (**TRADITION**) PERPÉTUÉ DE FAÇON COUTUMIÈRE (**RITUEL**).

LE RITE FUTURA PROCLAME COMME ORIGINE DE LA FRANC-MAÇONNERIE L'INSTANT PRIMORDIAL À PARTIR DUQUEL L'INTELLIGENCE, LA CONSCIENCE, LA DÉCOUVERTE DU SYMBOLE, LA SPIRITUALITÉ DE L'HOMME, ÉMERGEAIENT DE L'ANIMALITÉ.

... À LA PRATIQUE ACTUELLE

Au cours des millénaires et des siècles précédents, les hommes, mus par l'Art de la Construction, se réunissaient par cooptation en relation avec leurs métiers, en petits groupes éparpillés, formant dès le XIIème siècle les embryons des futures loges maçonniques (XVIIème siècle) qui se perpétuent aujourd'hui.

Les premières loges organisées et identifiées, prirent naissance en Ecosse aux XVIème et XVIIème siècles (1599 pour la loge spéculative n° 1 Marys'Chapel).

Ultérieurement ces structures se scindaient d'une part en loges opératives en relation étroite avec l'art des métiers des bâtisseurs et d'autre part en loges spéculatives développant uniquement des réflexions ésotériques et spiritualistes de haute valeur afin de créer un nouveau paradigme.

Ces dernières admettaient progressivement en leur sein des hommes, certes éloignés des métiers manuels de la construction mais riches d'un fort pouvoir décisionnaire dans la vie de la Cité et du Pays. Il fallut attendre le XVIIIème siècle (1712) pour que la première femme, Elisabeth Aldworth, soit initiée aux mystères de la Franc-Maçonnerie spéculative.

Le besoin d'organisation, de structuration de la pensée maçonnique et d'harmonisation des pratiques rituelles, se manifesta à cette époque.

Le 24 juin 1717 quatre loges spéculatives londoniennes indépendantes (*La Couronne, le Gobelet et les Raisins, le Pommier, l'Oie et le grill*) se réunirent à l'auberge " The Goose and Gridiron ".
Deux pasteurs, James Anderson et Jean Théophile Desauliers, accompagnés d'une poignée de Francs-Maçons, fondèrent la première obédience maçonnique structurée :

" La Grande Loge de Londres et de Westminster ".

James Anderson, en collaboration avec Jean Théophile Desaguliers, rédige les premières constitutions qui institutionnalisent la Franc-Maçonnerie spéculative moderne et instaurent officiellement pour la première fois, la notion de " Tolérance ".

Cette nouvelle vision de la maçonnerie se répandit et s'amplifia rapidement créant de nombreuses loges selon un mécanisme fractal, dans tous les pays du monde épris de Liberté.

Dès lors, Raison et Sagesse constituent le premier filtre qui permet aux hommes d'évoquer toutes les idées

L'homme à la " Tête au Carré "*

symbolise au Rite FUTURA :

" Savoir et Connaissance "

* d'après une œuvre de Sacha Sosno

DES INITIATEURS

Jean Théophile DESAGULIERS

Né en 1683 à la Rochelle est le fils d'un pasteur anglican. Pourchassé par les persécutions anti-protestantes il rejoint, avec sa famille l'Angleterre. Il y effectue de brillantes études à Oxford et se passionne pour la philosophie expérimentale.

Il propage avec force et vigueur les idées d'*ISAAC NEWTON*, dont il est l'ami. Il est l'auteur du " Cours de Physique Expérimentale ".

Initié en 1712, il devient le Vénérable de l'historique loge " Goose and Giridon " à Londres et contribue activement à la rédaction des " Constitutions d'Anderson ", base fondamentale de la Franc-Maçonnerie moderne dont il dédicaça la première édition.

Les Constitutions d'Anderson
(à noter les symboles pythagoriciens sur cette couverture)

J.-T. DÉSAGULIERS

BENJAMIN FRANKLIN

ISAAC NEWTON

Ils ont induit les débuts de la Franc-maçonnerie du Futur

James ANDERSON

Né en 1679 à Aberdeen en Ecosse. Franc-maçon comme son père, James Anderson fut pasteur presbytérien. Il occupa un rôle fondamental dans la Franc-maçonnerie spéculative dite « moderne » et contribua à un ouvrage de référence (1723), aujourd'hui nommé " les Constitutions d'Anderson ". Elles introduisent pour la première fois, la notion de Tolérance en Franc-Maçonnerie. Ces Constitutions furent éditées à Londres et réimprimées par *BENJAMIN FRANKLIN* à Philadelphie en 1734. Les premières traductions en français datent de 1736.

LE RITE FUTURA

UN RITE CONSTITUE L'APPLICATION D'UNE MÉTHODE POUR OFFICIER, MATÉRIELLEMENT ET SPIRITUELLEMENT, QUI ORDONNANCE LES RÉUNIONS (APPELÉES " TENUES ") ET LES CÉRÉMONIES. IL RÉGIT LE FOND ET LA FORME TOUT EN ENRICHISSANT LA SPIRITUALITÉ DE L'ETRE.

DÉSIREUX D'INNOVATION ET DE TOLÉRANCE RAISONNÉE, LE RITE FUTURA PREND NAISSANCE À L'AUBE DU XXIÈME SIÈCLE, SUR LES BORDS DE LA MÉDITERRANÉE, BERCEAUX DE LA DÉMOCRATIE ET FÉCOND CREUSET DE LA CONNAISSANCE ET DU SAVOIR. SES RIVES GÉNÉRATRICES DE LUMINEUSES CIVILISATIONS, FUSIONNENT LES CULTURES D'ORIENT, D'OCCIDENT, DU NORD ET DU SUD. EN CES HAUTS LIEUX, CHARGÉS DE LUMIÈRE, LES HOMMES SE RENCONTRENT, SE BATTENT ET SE COMBATTENT, MAIS SE RESPECTENT. SUR CES RIVES, POINT FOCAL ÉPHÉMÈRE D'UNE PÉRIODE FLORISSANTE DE LA PENSÉE DU MONDE, CES HOMMES ONT **BÂTI** DES **CIVILISATIONS**, **CONSTRUIT** DES **ŒUVRES** ÉTERNELLES, **CRÉÉ** DES SPIRITUALITÉS, DÉVELOPPÉ DES **CULTURES** ET DES SYSTÈMES DE **PENSÉES** GRAVÉS DANS L'HISTOIRE DE L'HUMANITÉ POUR LE RESTE DES TEMPS.

LE RITE FUTURA : UN NOUVEAU RITE POUR LA FRANC-MAÇONNERIE DU FUTUR ET POUR CEUX QUI VEULENT DÉCIDER.

****

LE RITE FUTURA S'APPUIE SUR TROIS FONDAMENTAUX ALLÉGORIQUES :

- " LA LOI UNIVERSELLE *QUI RÉGIT LES SPÉCIFICITÉS MATÉRIELLES ET SPIRITUELLES DE LA NATURE ET DE L'HOMME* ;
- " LES ENFANTS DE LA " VEUVE ", *TÉMOINS, ACTEURS ET DÉPOSITAIRES DU MYTHE D'HIRAM.*
- " LES FILS DE LA LUMIÈRE ", *DÉTENTEURS DU SECRET MAÇONNIQUE.*

LE RITE FUTURA UNIT ET FÉCONDE LES SIMILITUDES PRODUCTRICES ET LES DIFFÉRENCES CONSTRUCTIVES DES HOMMES. IL CONSTITUE LE *SUMMUM* DE LA PENSÉE DANS LEQUEL CHACUN D'EUX CONÇOIT ET CONTRIBUE LIBREMENT À L'ÉCRITURE DE L'HISTOIRE DU MONDE, L'HISTOIRE DE L'HOMME.

CE RITE RASSEMBLE DES HOMMES ET/OU DES FEMMES AU SEIN D'ATELIERS ET DE LOGES MASCULINES, FÉMININES OU MIXTES, INDÉPENDANTES LES UNES DES AUTRES.

- CE RITE SE STRUCTURE PYRAMIDALEMENT EN TRENTE-TROIS DEGRÉS (LOGES) QUI CONSTITUENT UN ATELIER.
- LES ATELIERS ET LES LOGES SE CRÉENT, SE DUPLIQUENT ET TRAVAILLENT À PARTIR DE ONZE MEMBRES ET DANS CERTAINS CAS À PARTIR DE 3 ; 5 OU 7 MEMBRES (DANS DES ZONES GÉOGRAPHIQUES DU MONDE DANS LESQUELLES LE NOMBRE DE MAÇONS EST RESTREINT, OU LORS DE COMMISSIONS SPÉCIFIQUES DE TRAVAIL).
- A TOUS LES DEGRÉS LES PARTICIPANTS SONT REVÊTUS D'UN TABLIER, D'UN SAUTOIR ET DE GANTS, SYMBOLES FONDAMENTAUX DU TRAVAIL ET DE LA MAÇONNERIE RECRÉÉE. ILS SE VÊTENT D'UNE TENUE SOMBRE AFIN DE RESPECTER LA DIGNITÉ DE L'AUTRE.
- UN GRAND CONSEIL DES SAGES, COMPOSÉ DE TRENTE-TROIS MEMBRES AU PLUS, ORGANISE LE RITE.
- LE RITE FUTURA EST LE SEUL PRATIQUÉ DANS LA GRANDE LOGE FUTURA, PRÉSIDÉE PAR LE GRAND GOUVERNEUR, LE GRAND GOUVERNEUR DU RITE ET LE GRAND GOUVERNEUR DU TRÉSOR.

AU TERME DE CHACUN DES TRENTE-TROIS DEGRÉS DE CE RITE, LE FRANC-MAÇON DU RITE FUTURA DOIT S'INTERROGER :

" EN QUOI CE DEGRÉ PERMET-IL MON ÉLÉVATION ? "

LE GRAND CONSEIL DES SAGES (Le Conseil d'Administration)

LE RITE FUTURA SE PLACE SOUS LA GOUVERNANCE D'UN GRAND CONSEIL DES SAGES COMPOSÉ DE TRENTE - TROIS SAGES AU PLUS, TITULAIRES DU TRENTE-TROISIÈME DEGRÉ.

IL SUPERVISE LA RÉGULARITÉ ET LE BON FONCTIONNEMENT DES LOGES.

IL RÉVISE ET APPROUVE LES RÈGLEMENTS GÉNÉRAUX, PARTICULIERS ET LES RITUELS

IL CRÉE UN JURY FRATERNEL

LES MEMBRES DE CE GRAND CONSEIL DES SAGES AINSI QUE LE PRÉSIDENT DE LA GRANDE LOGE FUTURA SONT ÉLUS EN ASSEMBLÉE GÉNÉRALE POUR UN MANDAT DE TROIS ANS RENOUVELABLE UNE FOIS.

CHAQUE GROUPEMENT DE LOGES DU RITE FUTURA, MASCULINES, FÉMININES OU MIXTES, SE PLACE SOUS L'AUTORITÉ DU GRAND CONSEIL DES SAGES.

La Grande Loge Futura

Déclarée en Association loi 1901
Déposée à l'INPI
Présidée par le « Grand Gouverneur »

Le Bureau

Présidé par le Grand Gouverneur.
Composé de 7 membres dont le Grand Gouverneur du Rite et le
Grand Gouverneur du Trésor

Le Conseil d'Administration

Composé de 33 membres

Ateliers masculins	Ateliers mixtes	Ateliers féminins
constitués en Associations loi 1901	constitués en Associations loi 1901	constitués en Associations loi 1901
Composés chacun de 33 degrés	Composés chacun de 33 degrés	Composés chacun de 33 degrés
Futura One / Futura M / Futura M'	Futura M+F / Futura M'+F' / Futura M"+F"	Futura F / Futura F' / Futura F"
1,2,3,4,5,6,7,8,…,31,32,33	1,2,3,4,5,6,7,8,…,31,32,33	1,2,3,4,5,6,7,8,…,31,32,33

Historique

Six frères titulaires, dans leurs anciennes obédiences, des 3ème, 4ème, 14ème, 32ème et 33ème degrés se sont réunis à Nice en 2021 - 2022 pour rédiger les Constitutions et Règlements Généraux de la Grande Loge Futura.

Avant leur ralliement pour cette création, ces six frères ont œuvré précédemment dans diverses obédiences :
- La Grande Loge de France (Rite Écossais Ancien et Accepté)
- Grand Orient de France (Rite Français)
- Grande Loge Nationale Française (Grande Loge Traditionnelle Méditerranéenne)

L'association « GRANDE LOGE FUTURA » fondée le 21 février 2022 à Nice, regroupe des Présidents d'associations type Loi 1901 appelées « Ateliers ». Ces Ateliers masculins, féminins et mixtes rassemblent des Francs-Maçons et Francs-Maçonnes travaillant du 1er au 33ème degré du Rite Futura.

La Grande Loge Futura admet la double appartenance avec toute Obédience qui s'inscrit dans l'éthique maçonnique. Elle refuse le terme de "Reconnaissance entre Obédiences" et considère que seule l'Initiation a valeur de reconnaissance.
Tous les Francs-Maçons qui composent les Ateliers se reconnaissent de la Grande Loge Futura.

Le nom officiel de chaque Atelier comporte le terme générique de " Futura " suivi d'un " nom spécifique " et du " numéro d'ordre de création ". Exemple : Futura One 0001.

LA GRANDE LOGE FUTURA
PROGRESSION INITIATIQUE EN 33 DEGRÉS

La Grande Loge FUTURA pratique exclusivement le rite maçonnique FUTURA à travers ses rituels décrivant 33 degrés.

Ces degrés constituent une PROGRESSION INITIATIQUE qui se développe du 1er au 33ème degré et qui ambitionne de préparer l'APPRENTI à devenir GOUVERNEUR ayant pour devise :

LIBERTÉ - EGALITÉ - FRATERNITÉ

BÂTIR - CONSTRUIRE - CRÉER

Du 1er au 3ème degré :

L'homme s'initie aux outils en s'initiant aux Symboles du Maçon. A travers leurs symboles, il se perfectionne (1er degré), puis s'élève (2ème degré) et se transcende (3ème degré).

Du 4ème au 6ème degré :

Sa Progression Initiatique se poursuit à travers les Loges Allégoriques, dans lesquelles il pénètre les secrets de l'Irréel, du Virtuel et de l'Utopie. Il peut construire dans l'Imaginaire.

Du 7ème au 11ème degré

Dans les Loges d'Élévation, il continue sa progression initiatique en construisant matériellement et spirituellement dans les trois dimensions de l'Espace et de la Pensée. Il devient " Architecte ".

Du 12ème au 22ème degré

Dans les Loges de Création, , l'Initié pénètre les secrets de grandes constructions de l'Humanité. Il approfondit les notions du Temps, du Savoir, de la Connaissance et de la Création.

Du 23ème au 31ème degré

Le Chemin Initiatique le conduit à travers la spiritualité de Grands Bâtisseurs de Lois et de Civilisations de l'Humanité. Il devient Maître de Lumière.

Au 32ème degré

Il continue sa Progression Initiatique en intégrant dans sa démarche, la nécessité de s'entourer d'hommes qui ambitionnent à Bâtir, Construire et Créer. Il poursuit son élévation spirituelle.

Au 33ème degré

Arrivé au terme de son Chemin Initiatique, l'Homme transmet son Savoir et sa Connaissance. Il atteint la Plénitude et Gouverne.

Le Franc-Maçon du Rite Futura

- Il s'élève intellectuellement et spirituellement sur lui-même.
- Il " Bâtit ", " Construit ", " Crée " et " Entreprend ".
- Il ne fait allégeance à aucun Franc-Maçon, ni ne met genou à terre ni ne baisse la tête devant lui, car il est homme libre dans une loge libre.
- Il édifie sa Vie et son Œuvre au delà du banal.
- Il construit à l'aide de Symboles transcendés par l'intelligence.
- Il sait que " tout s'explique ", reste à chercher et trouver les réponses.
- Il respecte et pratique le Secret des Bâtisseurs.
- Il développe et affine ses qualités de gouvernance.
- Il analyse les mécanismes de la nature pour comprendre et exprimer l'immatériel.
- Il définit la « Lumière » comme étant la réponse à ses questionnements.
- Il considère que Raison, Sagesse et Tolérance Raisonnée, constituent les premiers filtres qui permettent à l'Homme d'évoquer toutes les idées.
- Il partage la pensée de son Frère, le Franc-Maçon Oswald WIRTH :
  « *En vous initiant à ses mystères, la Franc-maçonnerie vous convie à devenir des hommes d'élite, des sages ou des penseurs, élevés au dessus de la masse des êtres qui ne pensent pas* ».

La Franc-Maçonnerie au Rite Futura

La Franc-Maçonnerie définie au sein du rite FUTURA présente les spécificités suivantes :

- Ordre Initiatique, Traditionnel, Philosophique, Philanthropique, Symbolique, Universel et Progressif. La Franc-Maçonnerie œuvre dans le domaine de la spiritualité et de l'intelligence. Elle favorise le progrès individuel et collectif mis au service de l'Humanité afin de tendre vers l'amélioration matérielle et morale des hommes et du développement sans fin du Savoir et de la Connaissance ;

- Elle fédère des hommes libres, des hommes de haute valeur morale, de toutes conditions sociales et économiques ;

- Non politique et non religieuse, elle se refuse à toute affirmation dogmatique et rejette tout extrémisme car elle prône la " Tolérance Raisonnée " ;

- elle laisse à chacun de ses membres la liberté de penser, de croire ou de ne pas croire, d'adhérer ou non à une religion ;

- Elle pratique la Fraternité, recherche la Vérité, prodigue l'Egalité et glorifie la Liberté ;

- Elle convie ses membres, à titre individuel, sans pour autant engager l'Ordre, à s'impliquer dans la vie de la Cité et celle des Nations ;

- Elle s'appuie sur l'intelligence, personnelle et collective, au service de l'Art de Bâtir, de Construire et de Créer ;

- Elle travaille rituellement selon des règles définies et acceptées. Elle développe une méthode et une pratique ésotériques basées sur le symbolisme ;

- Elle se fonde sur la Transmission d'un Savoir et d'une Connaissance conformément à la Tradition des Bâtisseurs, des Constructeurs et des Créateurs ;

- Elle coopte ses membres en fonction de leur pouvoir de création, de leurs hautes valeurs morales et intellectuelles et de leurs sensibilités humanistes.

Du Triangle à la Loge

La création d'une loge, les " Tenues d'obligation " et les Cérémonies nécessitent la présence minimale de onze frères.

Un triangle, un pentangle ou un septangle (composés de trois, cinq ou sept membres) peuvent se constituer, soit dans des zones du monde dans lesquelles le nombre de maçons est restreint, soit lors de commissions spécifiques de travail.

Ces groupements placés sous l'autorité d'une " loge mère " dont ils dépendent, s'organisent autour des cinq nombres premiers initiaux (1, 3, 5, 7 et 11).

- Le Rite et la Méthode
- Le Triangle est constitué de trois frères : *le Président, le Premier Surveillant et le Second Surveillant.*
- Le Pentangle comprend cinq frères : *ils occupent les fonctions de Président, Premier et Second Surveillants, Secrétaire et Orateur.*
- Le Septangle composé de sept acteurs : *le Président, deux Surveillants, le Secrétaire, l'Orateur, l'Expert, le maître des Cérémonies.*
- La Loge juste et parfaite comporte onze officiers : *le Président, deux surveillants, le Secrétaire, l'Orateur, l'Hospitalier, le Trésorier, l'Expert, le Maître des Cérémonies, le Maître d'Harmonie et le Couvreur.*

Elle seule peut initier et essaimer et donner procuration aux triangles, pentangles et septangles.

Les thèmes abordés en loge restent du domaine de l'imagination et de la pertinence créative de chacune d'elles. Ils s'inscrivent dans le cadre, dans l'esprit du degré et dans les spécificités du Rite FUTURA. Des thèmes nationaux ou internationaux peuvent avantageusement être étudiés afin de générer des réflexions créatives et innovantes, pour œuvrer pour le bien de l'Humanité.

Chaque loge propose à ses membres les augmentations de grade du premier au trente-troisième degré

Les initiations s'effectuent dans les trois mois qui suivent les décisions des loges.

Les décors

De l'Apprenti (1er degré) au Très Illustre Gouverneur (33ème degré), tous les Francs-Maçons du Rite FUTURA s'ornent de décors, tabliers, sautoirs spécifiques et sont gantés de couleur blanche.

La couleur des décors est exprimée dans les rituels en quadrichromie (cyan/magenta/jaune/noir).

Les Ateliers et les Loges

- Un Atelier est composé de 33 loges travaillant du 1er au 33ème degré. Chaque Atelier est autonome. Il travaille et initie librement du 1er au 33ème degré. Le Grand Conseil des Sages valide les nominations au 33ème et ultime degré du Rite.

- Les Ateliers et les Loges sont strictement masculins ou féminins ou mixtes. Ils se rassemblent sous trois d'obédiences indépendantes, sans interférence de visite, mais pratiquant toutes le Rite Futura.

- Des tenues blanches fermées peuvent être organisées à chaque degré (y compris à ceux du 4ème au 33ème) pour permettre l'accueil de frères d'autres obédiences concernés par les thèmes abordés.

- Des rencontres corporatives maçonniques ouvertes peuvent être organisées.

- Pas de structures décisionnelles intermédiaires extérieures à l'Atelier et à la loge (Censeurs, Conseils, Collèges, Comités d'harmonisation, etc.) qui décident et réglementent le cursus des frères et qui sont par ailleurs hautement budgétivores. Seul l'Atelier est souverain du 1er au 33ème degré.

- Par ce fait simplificateur, et à titre d'exemple, les capitations, pour la loge mère « Futura One » s'établissent en 2022, aux environs de 200 € par an par membre quelque soit son degré (du 1er au 33ème).

- L'adhésion et l'intégration de frères au Rite Futura s'effectuent :

    ➢ *soit par initiation au premier degré ;*

    ➢ *soit par équivalence et reconnaissance du degré précédemment acquis par le demandeur dans d'autres obédiences, en tenant compte de son expérience maçonnique et de ses acquis.*

- Lors de la présentation des planches, le conférencier remettra préalablement au Secrétaire et au Président, un document écrit d'environ 10 000 signes (blancs compris) qu'il présentera oralement en Loge, entre 10 et 20 minutes. Cette méthode lui permettra d'affiner ses aptitudes de conférencier à l'expression publique.

- Il déposera également sur le plateau du Secrétaire un résumé synthétique de 1 000 signes que celui-ci lira à la tenue suivante, lui évitant ainsi de refaire fastidieusement la planche.

LE RITE FUTURA PROPOSE

Le Rite FUTURA se fonde sur deux registres complémentaires : " *un cadre organisationnel* " et " *un fondement spirituel* ", plaçant l'Homme au Centre.

L'un et l'autre, font l'objet de recherches et de réflexions spiritualistes séparées ou conjointes.

Ce vécu indescriptible constitue une part du " Secret ".

Un cadre organisationnel

- Un Temple et ses décors :
  balustre, blasons et bannières, charte, colonnes, corde à nœuds et houppe dentelée, disposition des sièges, étoiles, lumières, patente, pavé mosaïque, plateaux, tableaux, tentures, etc.

- Une tenue vestimentaire stricte.

- Des objets :
  agate, air, anneaux, arc-en-ciel, arche, balance, bandeau, bijoux, bouclier, bougies, brûle-parfum, cannes, carquois, cercles, chaîne, chandeliers, chapeau, cinabre, ciseau, clé, cœur, coffre, compas, cordons, cristaux, croix, delta lumineux, diamant, draps, eau, échelle, émeraude, encrier, épées, équerre, éteignoirs, étoiles, faux, fenêtres, feu, fil-à-plomb, flamme, flèches, fourneau, gants, glaive, globe, gloire, grotte, idoles, lampes, lances, larmes, levier, Livres Traditionnels, lune, maillets, main, mausolée, mer, mercure, miroir, niveau, œil, outils du géomètre, pain, perpendiculaire, pierre, pieux, planche à bascule, planche à tracer, plateaux, plume, poignards, pointe à tracer, polygones, pont, porte basse, règle, rideau, rituels, rosette, rubis, sablier, saphir, sautoirs, scie, sel, sceptre, signes astraux, soleil, soufre, squelettes, statues, stibine, tables de la Loi, tabliers, terre, tombeau, tour, tronc, trône, truelle, urne, vin, voiles, voilette, voûtes, etc.

- Des sons :
  coups frappés rythmés, musique, mots, discours, etc.

- Des déplacements structurés :
  entrée dans le Temple, marches des grades, sens de circulation, etc.

- Des parfums.

- Des couleurs.

- Une flore :
  acacia, arbres, ashoka, blé, buisson, cèdre, feuillage, fruits, grenade, herbe, jambosier, laurier, manguier, olivier, palmier, pipal, prunier, rose, pin, sal, etc.

- Un bestiaire :
  aigle, buffle, colombe, coq, lion, pélican, phœnix, taureau, serpents, etc.

- Etc.

Un fondement spirituel

- L'Initiation.
- La Tradition.
- L'Esotérisme.
- La Liberté, La Fraternité, L'Egalité.
- Un univers symbolique.
- Un rite.
- Des légendes.
- Une éthique.
- Des sensations (terre, air, feu, eau, odeurs, etc.).
- Des racines irriguées par l'histoire de l'Humanité.
- Des livres traditionnels et leurs apports historiques.
- Des travaux qui relèvent de l'esprit (spiritualité).
- Une réflexion philosophique basée sur la connaissance rationnelle de la nature des choses (métaphysique).
- Des conférences publiques.
- L'Analyse, la Synthèse et la Transcendance.
- Neutralité absolue envers politique et religion.
- De l'imagination et de la création.
- Des échanges non dogmatiques.
- Des sources iconographiques.
- L'immanence et la transcendance.
- Un Savoir et une Connaissance.
- Une rencontre d'hommes d'origines variées.
- Une gradation dans le Chemin initiatique.
- L'amélioration de soi-même et des autres.
- Des valeurs morales, de cœur, intellectuelles et une éthique.
- L'Universalisme.
- Une riche essence littéraire.
- Etc .

LA LOI UNIVERSELLE
D'APRÈS R. - C. HUQLOSA, 2017

Il n'est pas besoin d'être scientifique, pour qu'il soit permis de se demander pourquoi un cristal de glace qui prend naissance au sommet des plus hautes montagnes de la Terre présente une forme hexagonale, tout comme un autre cristal qui s'est formé il y a plus de sept cent mille ans dans la banquise du pôle Nord ou dans la calotte glaciaire du pôle Sud. Pourquoi un autre cristal de glace enfoui dans les profondeurs congelées de la planète Mars est-il lui aussi hexagonal ? **Pourquoi ?**

Pourquoi toutes les planètes du système solaire, comme une infinité d'autres dans les galaxies, sont-elles sphériques ? Aucune d'elles n'est cubique ou heptaèdrique ou octaèdrique. **Pourquoi ?**

Pourquoi l'Homme souffre-t-il lorsqu'il voit les hommes dans la détresse ou lorsqu'il perçoit le regard de l'enfant bafoué, maltraité, aliéné, condamné à ne devenir rien d'autre qu'un esclave de la vie ? **Pourquoi ?**

Pourquoi des millions et des millions d'hommes cherchent la spiritualité ? **Pourquoi ?**

Ces constatations, et bien d'autres s'il en fallait, seraient-elles dues au **Hasard** ?

Je ne le pense pas. Ces quatre exemples confirment l'existence d'une **Loi**, qui ordonne le Cosmos et l'Homme.
Loi de l'Univers ; Loi Universelle.

Elle programme, structure, encadre et organise tout ce qui est du domaine aussi bien du matériel, que de la pensée, que de l'émotionnel. On ne peut y échapper, tout en conservant et bénéficiant d'une part de liberté que chacun de nous doit valoriser.

La Loi Universelle, notion prônée par des Francs-Maçons du Rite Futura n'est-ce pas, *in fine*, un symbole qui représente une Loi complexe, générée et intrinsèque au Big Bang et qui ordonne et programme l'Univers dès sa création en donnant en particulier un sens à la vie des Hommes ?

Cette Loi, chacun de nous, dans le cadre du **Rite FUTURA**, l'interprète selon ses sensibilités et ses convictions. A-t-elle été générée par le Big Bang ou bien le Big Bang est-il une conséquence de cette Loi ?

Pour les adeptes des religions révélées, cette loi s'appelle Dieu, pour les autres elle se nomme Loi de la Nature ou Grand Horloger ou Raison ou Loi Universelle. Pour certains cette Loi consiste en une équation composée d'une infinité de paramètres que nous les humains ne pouvons appréhender dans sa totalité. Pour rassembler, certains Francs-Maçons fusionnent toutes les composantes de cette Loi sous le vocable de " Grand Architecte de l'Univers ", principe fédérateur qui rassemble.

L'ACCLAMATION ET LES PROCLAMATIONS

ACCLAMATION : AU RITE FUTURA, LA DEVISE EST UNIQUE POUR CHACUN DES 33 DEGRÉS. ELLE EST :

« **LIBERTÉ, ÉGALITÉ, FRATERNITÉ** » ... IMMÉDIATEMENT SUIVIE DE

« ... **BÂTIR, CONSTRUIRE, CRÉER** »
(OU LA DEVISE DU PAYS DANS LEQUEL SE TIENT LA LOGE.

PROCLAMATION : CHAQUE LOGE DU RITE FUTURA DÉCLARE LORS DES CÉRÉMONIES OFFICIELLES, DE L'OUVERTURE ET DE LA CLÔTURE DES TRAVAUX, DES NOMINATIONS, DES SERMENTS LA PROCLAMATIONS SUIVANTES :

" A LA LOI UNIVERSELLE, A L'IDÉAL DE PERFECTION, ... " ;

Des Livres porteurs de Tradition

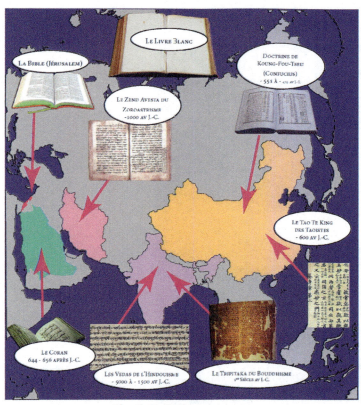

D'après R.-C. Huqlosa, 2017

Ces ouvrages sont placés sur l'Autel des Serments devant lequel le récipiendaire prend à chaque degré un engagement moral.

Ces livres symbolisent la Tradition, valeur fondamentale du Franc-Maçon. Ils décrivent des philosophies, des spiritualités et des lois gravées dans l'histoire de l'humanité. Les ouvrages utilisés comme référence au Rite FUTURA concernent les Veda (- 5000 ans à - 1500 ans), la Bible de Jérusalem (- 4000 ans), le Zend –Avesta (– 1000 ans), le Tao te King (- 600 ans), la philosophie de Koug Fou Tseu (- 551 ans à - 479 ans), le Tripitaka (- 100 ans) ou le Coran (+ 644 ans à 656 ans). L'approfondissement de la spiritualité émanant de ces livres est entreprise au cours des Ateliers de Sagesse (du vingt troisième au trentième degré du Rite FUTURA). D'autres ouvrages pourraient trouver leur place sur l'Autel des Serments car tous les hommes ne s'enracinent pas culturellement et spirituellement dans ces sept traditions, même si elles s'élèvent au rang de symboles.

Un Livre Blanc placé sur l'Autel des Serments offre une alternative et/ou une complémentarité. Il permet de donner vie librement à d'autres traditions, qui composent " La Tradition ". Les hommes peuvent y écrire leur tradition concernant une Loi naturelle, morale ou spirituelle qui leur agrée sans dogme, sans code établi, sans tabou. Sur ce Livre Blanc, ils pourront graver symboliquement et exprimer leur Spiritualité, leurs Symboles, leur Tradition, leur Culture, leur Connaissance.

Alors qu'Apprenti le Franc-Maçon ne sait " **ni lire, ni écrire** ", il peut maintenant, au Rite Futura, graver sur le Livre Blanc l'affirmation :

Je sais lire et Ecrire …

… à travers ma tradition, à travers " la Tradition ", à travers l'invisible, à travers le non-dit, à travers le Silence, à travers l'espace infini, à travers le Regard de l'autre !

Pour les uns …

Pour d'autres …

LE FRANC-MAÇON PEUT-IL ESPÉRER CONSTRUIRE AVEC D'AUTRES HOMMES DE L'UNIVERS ?

La Vie dans l'Univers du Franc-Maçon ... et deux infinis qui s'affrontent

Le Franc-Maçon s'interroge sur l'éventuelle possibilité qu'il aurait à Construire en harmonie avec d'autres hommes intelligents qui vivraient quelque part dans l'Univers.
Il sait que seuls les scientifiques donneront un jour une réponse positive ou négative étayée de faits concrets et crédibles.

Cependant, et parce qu'il est Franc-Maçon, rien ne l'empêche d'imaginer, dès lors qu'il s'appuie sur la raison. Songer à une éventuelle présence d'Êtres humains, lui ressemblant, dans l'insondable multitude des planètes qui ornent notre ciel et notre univers, est-ce fondé ?
Parce qu'il est " Homme de Raison ", le Franc-Maçon se refuse à toute affirmation dogmatique et réponse hâtive. Lorsqu'il approfondit et compare d'une part les conditions draconiennes nécessaires à l'émergence de la Vie sur la Terre et d'autre part le nombre quasiment infini de planètes potentiellement porteuses de conditions nécessaires à la Vie Biologique, il reste dans l'incertitude.
Compte tenu de cette double analyse, il est en droit de poser la question :

Quelle est la probabilité d'existence d'autres Êtres humains dans l'Univers avec lesquels je pourrais œuvrer ?

Son questionnement le situe face à une équation à deux infinis dont il cherche la résolution.

- l'infinité de conditions drastiques pour que la vie biologique, générant l'homme, existe ailleurs que sur Terre *(lire quelques conditions énumérées sur colonne de gauche de la page suivante)* ;
- l'incommensurabilité du nombre des planètes qui ornent l'Univers *(colonne de droite de la page suivante)* pouvant offrir une probabilité d'existence d'une vie biologique propice à la vie.

33 conditions, parmi l'infinité d'exigences nécessaires à l'émergence de la Vie humaine

- Depuis le Big Bang la Température de l'Univers s'étale entre 3,5 millions de milliards de degrés et - 270°C. Dans cette fenêtre, l'homme ne peut vivre qu'entre - 20°C et + 50°C; température de la Terre actuelle
- 15 milliards d'années nécessaires pour que l'homme atteigne sa plénitude
- Hydrogène, Oxygène et Carbone, constituants principaux du vivant prennent naissance dans l'Univers
- La vie biologique de l'homme s'étend entre la création de la Terre et l'explosion future du Soleil
- La Terre, planète rocheuse, s'est structurée grâce à l'accrétion de poussières célestes durant des dizaines de millions d'années
- La Terre se situe à une distance privilégiée du Soleil ; ni trop chaude comme Vénus ni trop froide comme Mars.
- L'orbite de la Terre autour du soleil permet le cycle des saisons favorables à la Vie.
- Un Climat permettant l'éclosion, la conservation et la pérennité de la Vie
- La rotation périodique de la Terre sur elle-même entraîne l'équilibrage court des jours et des nuits.
- Arrivée de l'eau sur Terre due à des bombardements de météorites et à l'accrétion des particules sur la Terre
- La Terre possède une hydrosphère et une atmosphère
- La taille de la Terre induit une force d'attraction qui empêche la dispersion des gaz dans l'espace
- Le rôle pondérateur de la Lune ordonne les mouvements des océans
- La présence indispensable de l'eau en surface et dans les profondeurs de la Terre
- La Terre bénéficie de sources d'énergie essentielles et modérées et non destructrices de la Vie
- La radioactivité terrestre contribue au maintien d'une température modérée
- La tectonique des plaques permet la formation de montagnes et de mers nourricières de la vie
- Température de la Terre constante et tempérée
- Absence de gaz toxiques en quantités létales (CH_4, NH_3, SO_2, CO, NO_2)
- Présence d'une atmosphère protectrice
- Les pluies
- Présence d'éléments chimiques favorables à la Vie
- Matière carbonée utilisable
- L'eau sous ses trois formes : liquide, Solide, gazeuse
- Des réserves conséquentes d'eau, dans et sur la Terre
- Formation des Océans
- La naissance de la vie dans les mers et les océans
- La mer et ses richesses minérales et organiques nutritives
- Apparition d'algues bleues et des stromatolithes dans les océans
- La photosynthèse
- L'eau confinée dans le corps humain reste liquide ce qui permet les échanges cellulaires
- L'autodéfense immunitaire
- Des neurones pour un cerveau : émergence de l'intelligence
- Etc.

Une infinité d'objets célestes sur lesquels la Vie pourrait naître a priori

- Entre 100 et 400 milliards de galaxies dans l'Univers
- 10 millions de Super amas
- 25 milliards d'amas de galaxies

- 350 000 000 000 (350 milliards) de grandes Galaxies

- 7 000 000 000 000 de galaxies naines contiennent de 100 millions à plusieurs milliards d'étoiles chacune

- 30 milliards de trillions (3×10^{22}) d'étoiles

- La Voie Lactée recèle 200 à 400 milliards d'étoiles.
- Pour 10 galaxies observées 100 autres pourraient exister

Le Franc-Maçon peut-il et doit-il alors parler

du " Miracle de la Vie " ?

de " l'Improbabilité de la Vie " ?

du " Mystère de la Vie " ?

Le Franc-Maçon, le Dé, l'Infini et la Vie

Le Scientifique considère comme vrai, un phénomène qui est susceptible de se reproduire, (comme la chute de la pomme de Newton). Oui, mais ...

lorsque le Franc-Maçon jette un dé à six faces (héxaèdre) sur le sol de son chantier, il possède, comme tout un chacun, une " chance sur six " de faire apparaître le chiffre six (probabilité de 1/6).

S'il renouvelle cette expérience avec un dé, constitué de 24 facettes (didodécaèdre), sa probabilité de retrouver le chiffre six, n'est plus que de un vingt-quatrième (probabilité de 1/24).

S'il imagine maintenant un dé constitué d'une infinité de facettes, la probabilité qu'il fasse apparaître le chiffre 6 tend vers : $1/\infty$, c'est-à-dire zéro. Ce Franc-Maçon ne possède pratiquement qu'une infinitésimale chance de tirer le chiffre 6 avec ce dé car il devrait le lancer une infinité de fois pour espérer réussir exceptionnellement son pari.
Cependant cette opportunité, même infiniment petite, existe. Elle n'est pas à rejeter.

Ainsi, un phénomène, réel ou immatériel, constaté, vérifié, mesuré ou quantifié dans un système doté d'une infinité de paramètres, et qui ne se manifeste qu'une seule fois à l'échelle de notre vie, peut exister mais avec une possibilité infinitésimale de se reproduire. Nous ne le verrons probablement pas.
Il en est de même pour la probabilité d'existence de la Vie humaine dans l'Univers. Remplaçons, dans ce raisonnement, le chiffre " 6 " par le terme " la Vie dans l'Univers ". Statistiquement sa probabilité d'exister ailleurs que sur Terre est quasiment nulle, mais pas complètement nulle. Accordons aux Lois de l'Univers l'éventualité d'une hypothétique solution pour permettre à l'étincelle de la vie de se produire ailleurs que sur Terre.

Seuls les scientifiques des temps futurs porteront une réponse raisonnée à cette énigme laissant le Franc-Maçon d'aujourd'hui seul avec son rêve et son utopie.

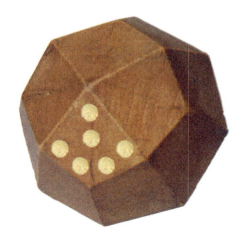

LE FRANC-MAÇON CRÉE DANS TOUS LES INFINIS

PRESENTATION SYNOPTIQUE

	Degré	Grade	Synopsis	Mots de la tradition et de passe	Batterie (Nombre de coups)
Loges Symboliques					
	Ces trois premiers degrés ambitionnent de polir la pierre brute pour élaborer, *in fine*, la pierre à pointe, symbole de la Connaissance				
	1	Apprenti	Construire une œuvre, personnelle ou collective, structurer sa vie avec les outils symboliques et tendre vers la perfection.	Bâtisseur / Volonté	2 + 1
	2	Compagnon	Grâce aux outils, tout est mouvement et élévation pour l'initié qui ambtionne à parfaire son Œuvre	Justesse / Prospérité	2 + 1 + 2
	3	Maître	Maîtrisant les outils, l'homme transcende le matériel en spirituel. Il évolue du domaine du Savoir, vers celui de la Connaissance. Il applique son intelligence pour se régénérer, se transcender, renaître sans cesse.	Mac Benac / Vulcain	2 + 1 + 2 + 3
Loges Allégoriques	Au cours de ces trois degrés allégoriques, l'homme aborde les constructions utopiques, irréelles et virtuelles				
	4	Maître de l'Arche	Déceler les compétences, diverses et complémentaires des hommes, pour construire ensemble, chacun selon sa mission. Savoir métamorphoser l'imperfection en perfection.	Ziusudra / Espérance	7
	5	Maître de Patmos	Le Temple matériel est détruit. Un homme imagine une cité éternelle et indestructible car immatérielle.	Jean / Imaginer	8
	6	Maître de Babel	Edification d'une tour gigantesque qui abrite tous les hommes de la planète. Mais la discorde intervient à cause de la complexité et de la multiplicité des langages. La désunion entraîne la destruction et l'écroulement de l'œuvre.	Babel / Rassembler	4 + 3
Loges d'Élévation	Les cinq degrés abordés dans les ateliers d'Élévation donnent à l'homme les clés pour construire au cours du temps et se construire le long de sa vie dans les dimensions de l'espace et de la pensée				
	7	Maître Egéen	Pythagore effectue un long voyage au terme duquel il crée une école de pensée initiatique et élitiste cultivant Secret, Nombres et Elévation de l'Esprit, bases fondamentales nécessaires à toute Construction.	Rhoèce de Samos / Un des Dix	3 + 1 + 1
	8	Maître Edificateur	L'homme émerge de l'animalité et découvre le concept de constructibilité. Il apprivoise la pierre qu'il dresse dans la verticalité, vers le zénith, conquête sur lui-même, conquête sur le monde.	Ramsès / Dresser	6
	9	Maître Stonehenge	L'homme associe les pierres dressées comme une affirmation de lui-même dans un espace et une pensée bidimensionnels. Il transforme la pierre en Temple avec la complicité du Soleil et de la Lumière.	Aubrey / Solstice	6 + 2
	10	Maître Saqqarah	Passer du bidimentionnel au tridimentionnel. L'homme construit les pyramides pour y enfermer Mystères, Secrets et Messages ésotériques. Il affirme sa puissance géniale.	Imhotep / Perpétuer	9
	11	Maître Architecte	Construire une œuvre, personnelle ou collective, structurer sa vie, avec les outils symboliques du Maçon pour tendre vers le sublime au service des hommes.	Grand Maître Architecte / Bâtir	2 + 2

DES 33 DEGRÉS DU RITE FUTURA

Mots Clés cités dans chaque degré	Marche (pas effectués)	Age symbolique	Heures ouverture / fermeture
Savoir construire en transformant le matériel en spirituel			
Action, Alliance universelle, Amélioration, Chemin initiatique, Compétence, Connaître, Équité, Humanité, Intelligence, Justice, Outils du constructeur, Perfectionnement, Pierre brute, Préjugés, Recherche, Réflexion, règle, Savoir, Secret, S'élever, Spiritualité, Symbole, Temple, Tolérance, Tradition, Vérité	2 + 1	Trois	A midi / A minuit
Arts libéraux, Connaissance, Conscience, Elévation, Etoile flamboyante, Génération, Génie, Géométrie, Gnose, Gravitation, Humanité, Initiés, Lettre G, Mouvement, Ordres architecturaux, Pierre cubique, Polir, Sens, Travail, Vertu	2 + 1 + 2	Cinq	A l'aube / A l'aurore
Alliages, Ambition, Architecte, Assassinat, Compagnon, Devoirs, Equité, Fanatisme, Fidélité, Hiram Abi, Horloger, Jugement, Légende, Loi, Matériel, Mémoire, Métaux, Métaphysique, Mort, Mythe, Nature, Passions, Pensée, Pierre à pointe, Reconstruire, Régénérer, Renaître, Sacrifice, Salomon, Secret, Spirituel, Temple, Tolérance, Tradition, Vie	2+1+2+3	Sept	Au coucher des Etoiles / Au lever des Etoiles
Apprendre à construire a travers l'imaginaire			
Arche, Blé, Chêne, Colombe, Construction, Corbeau, Déluge, Eau, Elitisme, Espèce humaine, Espérance, Fanatisme, Hache, Hirondelle, Humanité, Ignorance, Laurier, Lumière, Olivier, Perfectionnement, Régénération, Rite de passage, Sélection	7	Sept + Sept	Le premier des sept ours / La dernière des sept nuits
Acacia, Apocalypse, Arbre de Vie, Arche d'Alliance, Babylone, Cristal, Douze portes, Eternel, Ezéchiel, Fondations, Guider, Harmonie, Imaginaire, Immatériel, Intelligence, Intemporel, Jérusalem, Lumière, Palestine, Patmos, Pierres, Révélation, Révolte, Sceaux, Splendeur, Stabilité, Temple, Transcender, Vision	12	Douze	La Cité descend / Tout est uni
Babel, Babylone, Bitume, Brique, Communauté, Communication, Corporatisme, Cosmos, Démesure, Différence, Dispersion, Diversité, Dominer Effondrement, Eloge de la diversité, Idiomes, Langage, Mésopotanie, Nemrod, Orgueil, Spiritualité, Un et Multiple, Utopie	7	Sept ans révolus	La Tour s'élève / La Tour s'écroule
Il passe de la mesure à la spiritualité			
Arbre, Arithmétique, Astronomie, Bâtisseur, Communauté initiatique, Connaissance, Ecole de pensée, Egéen, Emergence, Enigme, Esotérisme, Géométrie, Matière, Médecine, Musique, Nombre, Pentagramme, Périple, Politique, Pythagore, Quadrature, Samos, Secret, Spirale, Tétraktys	3 + 1 + 1	Soixante	A l'aube du Périple / Au crépuscule du Périple
Chao et Ordo, Connaissance, Conquête, Conscience, Création, Emergence, Esotérisme, Idée, Intelligence, Menhir, Moaï, Monolithe, Perfection, Pierres levées, Ramsès, Sanctuaires, Savoir, Secret, Spiritualité, Spiritualité, Surpassement, Symbole, Tradition, Transcendance, Unidirectionnel, Verticalité	6	Le carré de six	Il est minuit, la Lune luit / Il est six heures, le Soleil paraît
Aubrey, Bidimentionnel, Centre, Cercle, Conquête, Conscience, Cosmos, Création, Dolmen, Emergence, Esotérisme, Intemporalité, Lumière, Macrocosme, Menhir, Microcosme, Perfection, Sanctuaire, Secret, Soleil, Solstice, Spiritualité, Stonehenge, Surpassement, Temple, Transcendance, Tumulus	6 + 2	Six ans + deux	Au premier cercle / Au sixième cercle
Chiffres, Civilisation, Classifier, Clés ésotériques, Connaissance, Perfection, Constructeur, Divinités, Elévation, Eternité, Imhotep, Incommunicable, Lumière, Mesurer, Mystère, Pyramides, Saqqarah, Secret, Spiritualité, Transcendance, Tridimentionel, Valeur morale, Vertu, Virtuel, Volumes	9	Des millénaires	A l'aube de l'Humanité / A la fin des temps
Aboutissement, Architecte, Art Royal, Centre, Cercle, Ecole, Ellipse, Emotion, Etui de mathématiques, Gravité, Harmonie, Haut et Bas, Homme Vrai, Hyperbole, Instruire, Matérialité, Ovale, Pensée, Plans, Projeter, Savoir architectural, Symétrie, Temps anciens, Tracer, Zèle	2 + 2	Le carré de deux	L'Etoile du matin paraît / L'Etoile du soir paraît

Degré	Grade	Synopsis	Mots de la tradition et de passe	Batterie (Nombre de coups)
		Les hommes de génie ont érigé de remarquables constructions, considérées comme des merveilles du monde, à partir desquelles émergent Lumière et Spiritualité.		
12	Bâtisseur de Khéops	L'homme unit le sublime, le grand et le Secret. Il sublime la Perfection de l'Œuvre. De par ses constructions il s'intègre au Cosmos et recherche l'éternité.	Khéops / Espérer et entreprendre	1 + 4
13	Bâtisseur de Babylonne	La beauté impulse la construction de cités enrichies d'havres de verdure édéniques, hauts lieux de la méditation et des choses essentielles de la vie décryptées par les seuls initiés.	Sémiramis / Amour	2 + 3
14	Bâtisseur d'Ephèse	Ce grade relate la création d'un Temple, l'Artémision d'Ephèse, qui fut plusieurs fois détruit et plusieurs fois reconstruit. Analyser la lutte et les oppositions entre le destructeur et le constructeur.	Crésus / Exigence - Persévérance	4 + 4
15	Bâtisseur d'Olympie	Construire des lieux de surpassement : un stade, une gigantesque statue d'or et d'ivoire, un temple dorique, une ville accrochée au mont Olympe. Le constructeur doit se protéger des démolisseurs et de l'émiettement de l'Œuvre.	Phidias / Surpassement	4 + 1
16	Bâtisseur de Mausole	L'homme construit pour assurer la protection de son enveloppe charnelle. Pour cela, Mausole édifie un majestueux temple aux dimensions pythagoriciennes. Mais que faire face aux lois de la nature qui anéantissent ?	Satyros et Pytheos / Beauté	2 + 2 + 1
17	Bâtisseur de Rhodes	L'Intelligence des constructeurs annihile la bestialité des destructeurs. Les lois du Cosmos rappellent à l'homme son inexpérience et le mettent en garde. Pourquoi l'homme construit-il jusqu'à la démesure ?	Hélios / Défendre	1 + 2
18	Bâtisseur d'Alexandrie	Vouloir fonder une cité, un port glorieux, un phare puissant et une bibliothèque sans pareil. L'homme crée, mais séismes et incendies détruisent ses œuvres matérielles mal structurées. Seuls Savoir et Connaissance survivent aux destructions.	Dinocratès / Bibliotheca Alexandrina	5
19	Bâtisseur d'Héliopolis	Depuis plusieurs milliers d'années, les hommes vénèrent le Soleil et construisent des Temples l'idolâtrant par crainte ou admiration.	Sésostris / Rayonner	4 + 5
20	Ordonnateur du Temps	Temps relatif des hommes, Temps absolu du Cosmos, le temps cadence la vie des Constructeurs et des hommes. Ils conçoivent des outils qui permettent de remonter le Temps.	Silas Joadley / Ponctualité	3 espacés
21	Docte	Pour Construire avec réussite, l'homme doit connaître les lois de la Nature et celles des sociétés humaines. Il accroît ses capacités humanistes et spirituelles par la recherche, le Savoir et la Connaissance.	Thot / Chercher toujours	1 + 2 + 3
22	Creator	Pourquoi l'homme crée-t-il ? Est-il mû par une impulsion, répond-il à un Principe de Création ? L'homme est-il libre de créer ou est-il sous l'emprise de savoirs, de traditions, de principes, de ses propres principes ?	Franklin / Créativité	1 + 2 + 2

Loges de Création

Mots Clés	Marche (pas effectués)	Age symbolique	Heures ouverture / fermeture
Mais le temps a effacé leurs traces glorieuses, excepté la grande Pyramide. Le temps cadence l'Œuvre des constructeurs qui appliquent leurs savoir, leur connaissance jusqu'au paroxysme de la Création			
Absolu, Ame, Astronomie, Cosmos, Ephémère, éternel, Géométrie, Immatériel, Immortalité, Khéops, Le Beau, Matériel, Momie, Nourritures, Ombre, Orient Eternel, Pharaon, Préjugés, Pyramide, Sacré et Secret, Sarcophage, Savoir passer, Soleil, Temps, Vérité, Vie Spirituelle	1 + 4	Infini et plus	La rive de la Vie / La rive de l'Eternité
Alliance, Ambition, Amytis, Arches, Babylone, Beauté, Bergers, Caÿstros, Choses essentielles de la vie, Connaissance, Caÿstros, Derceto, Euphrate, Expédition militaire, Grandes cités, Honneur, Ishtar, Jardins suspendus, Mémonès, Murailles, Nabuchodonosor, Ninus, Perfection, Ponts et canaux, Portes, Science Secrète, Sémiramıs, Suicide, Syrie, Triangle d'or, Veuve	2 + 3	L'âge de Nabuchodonosor	L'heure de franchir le pont / Les jardins sont atteints
Amazone, Artémision, Bestiaire, Chao, Colonnes, Constantinople, Crésus, Destruction, Ephèse, Feu, Illuminé, Ionien, Marbre, Oracle, Païen, Péribole, Persévérance, Reconstruction, Rencontre et Création, Renouveau, Roue, Ruines, Temple, Trésors	4 + 4	Cent vingt-sept	L'heure à laquelle Smyrna décida de bâtir / L'heure de la Colonne renconstituée
Aigle, Bouclier, Chars, Combattant, Constantinople, Création originale, De l'Orient vers l'Occident, Démolir, Eternité, Lois universelles, Olympe, Phidias, Sanctuaire, Sculptures, Surpassement, Temple dorique, Vérité et Amour, Victoire, Zeus	4 + 1	Treize	L'heure d'Olympie / L'heure de Constantinople
Artémise, Artistes, Compétences, Constructeurs, Discrétion, Espérance, Fidélité, Halicarnasse, Honneur, Jérusalem, Mausolée, Nombre π, Nourriture, Puissance, Pyramide, Pythagore, Pytheos, Sarcophage, Satyros, Sculpteurs, Séisme, Victoire	2 + 2 + 1	Vingt-quatre	L'heure des fondations / La Terre tremble
Anticipation, Armada, Bronze, Concevoir, Conquête, Destruction, Fer et Pierres, Génie, Gigantisme, Hélépole, Marbre, Pillage, Port, Repenser, Rhodes, Séisme, Soleil, Statue, Tour Infernale	1 + 2	Douze au moins	L'armada surgit / L'armada capitule
Alexandre, Ambitions, Bibliothèque, Brasier, Cylindre, Dinocratès, Egypte, Humanité, Incendie, Maintenance, Mesure, Musée, Oubli, Perses, Phare, Pharos, Port, Prisme octogonal, Séisme, Transcendance, Transmission, Trapèze, Verticalité, Vestiges, Ville	5	Cent-vingt	Le phare s'illumine / Le Livre est consumé
Admiration, Beau, Cercles de pierres, Champs notionnels, Cités, Héliopolis, Interrogation, Métronome, Mouvement, Murailles cyclopéennes, Observatoires solaires, Puissance, Sésostris, Soleil, Spiritualité, Temples, Tétraktys, Vénérer, Vérité	9	Neuf rayonnant	Le Soleil renaît / Le Soleil se couche
Cadran, Césium, Clepsydre, Destruction, Ephémère, Equation, Espérance, Eternité, Futura, Horloge, Irréversibilité, L'infini, Mémoire, Objectif et subjectif, Origine, Oubli, Passé, présent et futur, Perfectionnement, Périodique, Progrès, Quantifier, Sablier, Silas Joadley, Temps, Vieillissement, Voyage	3 espacés	Age de l'eternité	La fin du passé / Le début du futur
Ambitions, Buriner, Chercheur et Cherchant, Docte, Echelle, Essentiel, Existence, Foi, Sagesse, Passion, Horizontalité, Idées, Illusions, Intellectuel, Intuition, Macrocosme, Microcosme, Mystère, Phi, Plans, Réussite, Sachant, Savant, Secret, Sociétal, Thot, Transcender, Verticalité, Vie	1 + 2 + 3	Age de Chercher, de Savoir, de Connaître	Du temps des ténèbres / L'heure de la lumière
Absolu, Abstrait, Aptitude, Athanor, Beau, Conscience, Créationnisme, Créer, Défi, Démesure, Energie, Etre pensant, Existentiel, Finitude, Gloire, Innovation, Intelligence, Franklin, Liberté, Néant, Nécessité, Perfection, Principe de Création, Regard, Surpassement	1 + 2 + 2	Age de l'eveil conscient	L'idée éclot / L'Œuvre est réalisée

Degré	Grade	Synopsis	Mots de la tradition et de passe	Batterie (Nombre de coups)
	**De grands constructeurs, bâtisseurs de lois, d'empires, de civilisations et de spiritualité ont jalonné l'histoire de l'humanité éclairant le monde de leurs lumières.**			
23	Le Sage de Vastu shastra	Edifier et implanter des constructions dans le milieu naturel en valorisant les notions de symétrie et de dissymétrie. L'homme connaît, découvre, révèle et retrouve les fondements de la spiritualité humaine.	Vyâsa / Révélation	1 + 3
24	Le Sage du Temple	Refuser l'oppression et partir pour créer ailleurs. Connaître l'exil et s'entourer de disciples fiables afin de connaître la trancendance et bâtir des lois pour construire la Liberté et la Spiritualité	Freud / Promettre	3 + 1 + 3
25	Le Sage de Persépolis	Pour bien construire selon les lois de la nature et du Cosmos, l'homme doit bien penser, parler juste, et agir correctement. Il détermine avec justesse et finesse sa Construction Intérieure.	Zarathoustra / Faravahar	4
26	Le Sage de Hangu	Naître dans un hameau et conquérir une partie du monde, tracer un chemin spirituel, définir les origines des Éléments et des Êtres. L'homme construit sa spiritualité.	Yin Xi / Voie et Vertu	5 + 4
27	Le Sage de Qufu	Persévérer pour s'élever, diriger et transmettre. Construire par la rectitude, le mérite et l'étude. L'homme apprend à devenir un chef en trouvant la Force intérieure. Il forme les nouveaux constructeurs accomplis.	Zheng Zai / Education - Ethique	3 + 1
28	Le Sage de Bénarès	Savoir sortir de son milieu culturel pour percevoir d'autres aspects du monde et comprendre l'incontournabilité et l'irréversabilité de l'existence. Mieux construire pour mieux se construire.	David-Néel / Cinq disciples	1 + 2 + 4
29	Le Sage de Nazareth	Transmettre un idéal basé sur l'amour et le sacrifice. S'entourer de disciples pour repenser le monde en créant une loi nouvelle destinée à éclairer les hommes.	Désaguliers / Je suis le Chemin	3
30	Le Sage d'Hira	Méditer en solitaire et jaillir dans le monde pour le revivifier et s'adresser à l'humanité. Il ne craint ni l'exode ni les combats qui permettent la création, la construction et la spiritualité.	Abd el-Kader / Persévérance	4 espacés + 1
31	Maître de Lumière	Découvrir l'analogie entre la lumière pysique de l'Univers et la Lumiere spirituelle des hommes. Construire les pensées, réaliser, comprendre les comportements et concevoirs l'Orient Eternel.	Apolon / Ardeur	2 + 5 + 1
	**L'Homme, comme les grands principes de la vie, doit rassembler.**			
32	Maître Fédérateur	Fédérer les hommes, leurs compétences, leurs projets de création dans le but de s'élever spirituellement. Savoir coopter les hommes selon leurs spécificités. Fédérer les idées, les concepts, les philosophies.	Anderson / Assemblment	3 + 3 + 3
33	Très Illustre Gouverneur	Proche du terme de son parcours initiatique, le franc-maçon doit établir le bilan de sa vie spirituelle et matérielle. Qu'a t-il Bâti, Construit et Créé? Que lui reste-t-il à réaliser afin de polir son action? Que sont la Vie et la Mort pour lui ?	Gœthe / Lumière tu es	2-1 + 3 + 1-2

Loges de Sagesse (degrés 23–31)

Loges de Gouvernance (degrés 32–33)

Mots Clés	Marche (Pas effectués)	Age Symbolique	Heures Ouverture / Fermeture

| | **Leurs traditions se retrouvent sous forme de livres dans les ateliers du Rite FUTURA associés à un livre blanc représentant une tradition imaginaire, cachée ou à bâtir. Mais qu'en est-il réellement de la Lumière des Hommes ?** |

Mots Clés	Marche	Age	Heures
Apprendre, Apprentissage, Clés de la Réussite, Connaissance, Çudra, Découverte, Ecouter, Energie, Entendre, Indo-aryen, Intelligence, Langage, Libération, Nature, Pensée, Révélation, Rishi, Sacrifice, Sagesse, Savoir, Spiritualité, Symétrie, Vyâsa, Varna, Vastu shastra, Veda, Vision	1 + 3	Quatre	L'heure de la transmission orale / L'heure de la tranmssion écrite
Bâtisseur, Buisson, Canaan, Constructeur, Créateur, Décalogue, Désert, Egypte, Espérance, Exil, Freud, Générosité, Gouvernance, Information, Joncs, Juif, Libération, Madiam, Nebo, Nil, Peuple, Pharaon, Plaie, Révélation, Sage, Sinaï, Tribu, Troupeau	3 + 1 + 3	Cent-vingt	L'eau du Nil porte la Vie / Le Mont Nébo est atteint
Absolu, Action-Réaction, Agir, Réagir, Avesta, Balance, Chinvat, Dualité, Efforts, Egalite, Equinoxe, Etoile, Feu - Air - Terre - Eau, Force, Foyer, Faravahar, Le Bien - Le Mal, Lumière, Mazdéisme, Mérite, Monothéisme, Ombre et Lumière, Perse, Plans, Polythéisme, Printemps, Pureté, Sacrifice, Silence, Soleil, Soumission, Table Equinoxiale, Univers, Zarathoustra	4	Vingt-et-un	L'équinoxe du Printemps / L'equinoxe d'Automne
Actions, Buffle, Comète, Décadence, Découvrir, Dragon, Equité, Existentiel, Hameau, Hangu, Harmonie, Instruction, Lao Tseu, Li Eul, Nature, Oreilles, Pensée, Prunier, Quiescence, Regarder, Ressourcement, Richesse, Rivière, Tao, Taoïsme, Vide, Voie et Vertu, Voir, Xiantian, Yin Xi, Yin –Yang	5 + 4	Neuf	La comète apparaît / Le Sage disparaît
Amélioration, Chants, Confucius, Décisionnel, Dragon, Elévation, Elitisme, Enseignement, Imaginaire, Jade, Konzi, Licorne, Livres et Rites, Macrocosme, Méditation, Microcosme, Morale initiatique, Perfectionnement, Persévérance, Planète, Précepteur, Prospérer, Pulsion, Qufu, Rectitude, Ren, Supérieur, Vertu, Vieillard, Voies, Zheng Zai	3 + 1	Soixante-douze	Le livre s'ouvre / Le livre se transmet
Ascèse, Auspice, Bénarès, Bouddah, Bucher, Disciples, Education, Eléphant, Gange, Gautama, Himalaya, Illumination, Intuition, Irréversibilité, Karma, Lotus, Maya, Mort, Mouvement, Nirvana, Nœud, Palais, Peste, Priviléges, Quiétude, Renoncement, Roue, Siddhartah, Souffrance, Tripitaka, Vérité, Vie, Vieillesse	1 + 2 + 4	Quatre-vingt	L'heure à laquelle la porte s'ouvre / A l'ombre du Sal
Alliance, Amour, Charité, Charpentier, Couronne, Croix, Désaguliers, Dignité, Egypte, Esperance, Foi, Galilée, Guérison, Humble, I.N.R.I., Jean, Jérusalem, Jésus, Nazareth, Non-Violence, Novateur, Partage, Pauvre, Pélican, Prédicateur, Prophète, Purifier, Ressusciter, Roseau, Sacrifice, Thaumaturge, Tibériade, Tortionnaire, Universalisme	3	Trentre-trois	L'Etoile paraît / L'Etoile resplendit
Abd el-Kader, Action, Adeptes, Apprendre, Aridité, Code, Conquête, Derwiches, Destin, Fidèles, Fosse, Gouvernance, Grotte, Guerrier, Hégire, Hira, Humilité, Kaaba, Mecque, Message, Muhamad, Pardon, Persévérance, Pierre Noire, Prédication, Reconstruire, Règles, Revivifier, Richesse, Sacraliser, Sociétal, Soufisme, Spiritualité	4 espacés + 1	Vingt-huit	La lune nouvelle / La lune pleine
Aigle, Apolon, Bandeau, Cœur, Cristal, Eclipser, Impalpable, Imperceptible, Inapparent, Indiscernable, Intelligence, Invisible, Lumière, Matière, Métaphysique, Mystère, Œuvres, Orient Eternel, Pensée, Questionnement, Réponse, Solaire et Lunaire, Spiritualité, Trou Noir, Virtuel, Vitrail, Yeux	2 + 5 + 1	Age de la première lumière	La Lumière apparaît / La Lumière s'efface

| | **Au summum de sa progression intiatique, il suspend le temps, un ultime moment pour faire le bilan de sa vie.** |

Mots Clés	Marche	Age	Heures
Acquis, Analogie, Anderson, Assemblement, Athanor, Certitudes, Chaîne, Contraire, Convergence, Décision, Diversité, Doute, Esprit, Futura, Fédérer, Fusion, Idées, Intelligence, Opposition, Potentialité, Rationnel Irrationnel, Réel, Irréel, , Savoir, Silence, Similitude, Similitudes, Spécificité, Spiritualité, Tradition, Transmutation, Union, Utopie, Virtuel	3 + 3 + 3	Deux puissance cinq	La Chaîne d'Union s'ouvre / La Chaîne d'Union s'enrichit
Aigle, Athanor, Bûcher, Cinabre, Cosmos, Elévation, Esprit, Eternité, Fanatisme, Gœthe, Gouverner, Humanité, Idéal, Ignorance, Lois, Lumière, Matière et Esprit, Nature, Oppression, Oriient Eternel, Pensée, Porte Basse, Prospective, Réussir, Rose, Sacrifice, Sens de la Vie et de la Mort, Sentiments, Serpent Vert, Suspendre le temps, Testament, Vérité, Veuve, Vigilance	2-1 + 3 + 1-2	Trois fois Trente-trois	L'heure de la Chambre Noire / L'heure de la Chambre Rouge

CREDITS PHOTOS

Avant Propos :	The Ancient of Days de William BLAKE 1794
Enfant burinant un tracé. Photo : Michel Bertolotti

Galaxie in ESA, NASA and P. Anders (Göttingen University Galaxy Evolution Group, Germany — http://hubblesite.org/gallery/album/galaxy_collection/pr2004006a/large_web

ADN in Futura-sciences.com

Statue « La Tête au Carré « de Sacha Sosno
James Anderson : National Library of Wales et Bibliothèque national de France
Desaguliers Jean Théophile : par Thomas Richard Hinks
Franklin Benjamin : Photo ancienne
Newton Isaac : par Godfrey Keller (1689)

15ème degré :	Arbre pythagoricien. Etienne Ghys, Jos Leys. Images.math.cnrs.fr

15ème degré :	Nicole Arnoux. Statue de Zeus

20ème degré :	l'homme à l'horloge, dessin inspiré par l'Œuvre de Jean-Michel Folon
Tableau Haïtien. Collection Bernadette et Claude Faure

21ème degré :	jeune tailleur de pierre, photo : Michel Bertolotti

24ème degré	Pyramides d'Egypte. Tableau de Loge. Hugo Prat 1968

25ème degré :	Zoroastre par Raphaël, 1509

29ème degré	Phœnix. Collection Editions Oxus Piktos. In

32ème degré	Nabucodonosor Rex. Notre-Dame-la-Grande Poitiers. Photo bernezac.com

33ème degré	Phœnix. Collection Editions Oxus Piktos. In HUQLOSA 2017
Apolon d'après la statue d'Apolon. Nice

- A ceux qui souhaitent Bâtir un nouveau rite dans leur obédience
    A ceux qui veulent Construire une nouvelle obédience
        A ceux qui ambitionnent de Créer une nouvelle loge indépendante

Organigramme simplifié du Rite FUTURA

Le Rite Futura est le seul Rite pratiqué à la Grande Loge Futura. Elle est animée p un bure de 7 membres dont le président est le Grand Gouverneur assisté du Grand Gouverneur du Rite et du Grand Gouverneur du Trésor.

- Chaque Atelier, composé de 33 loges, travaille et nomme les Frères du premier au trente-troisième degré.
- La régularité des initiations et des nominations est vérifiée par le Grand Conseil des Sages.
- Les Francs-Maçons, à partir du troisième degré, peuvent changer librement de loge, comme les compagnons constructeurs parcourraient plusieurs chantiers du monde pour apprendre et parfaire leurs connaissances de l'Art.
- Les Francs-Maçons du Rite FUTURA peuvent accéder aux grades de :
  - Maître en trois ans (3ème degré),
  - Maître de Babel en un an (6ème degré),,
  - Maître Architecte en trois ans plus tard (11ème degré),
  - Creator en trois ans (22ème degré), plusieurs chantiers
  - Maître de Lumière en cinq ans (31ème degré)
  - Maître Fédérateur en un an (32ème degré)
  - Très Illustre Gouverneur en deux ans (33ème degré)

soit un minimum de 18 ans pour parcourir le Rite Futura et atteindre le 33ème degré.

Parmi les noms et personnages cités dans cet ouvrage

ABD EL-KADER, ABOU BAKR, AGELADAS, AHURA MAZDA, AL KALWARIZMI, ALEXANDRE, ALI, AMYTIS, ANDERSON, ANDROCLOS, APOLON, ARTEMISE, AUBREY, AURELIEN, BARTHOLDI, BEETHOVEN, BERGSON, BOUDDAH, BRYAXIS, CAYSTROS, CHARES DE LINDOS, CHERSIPHRON, CHURCHILL, CONFUCIUS, COPERNIC, CRESUS, CURIE, DARWIN, DAVID-NEEL, DEMETRIOS DE PHALERE, DEMETRIOS, DERCETO, DESAGULIERS, DESCARTES, DINOCRATES, DIOGNETOS, EA, EINSTEIN, EPIMACHOS, ERATOSTHENE, EROSTRATE, FARADAY, FLAVIUS ARRIEN, FLEMING, FRANKLIN, FREUD, GALILEE, GAUTAMA, GŒTHE, HELIOS, HERMES, HERODE, HIRAM ABI, HIRAM DE THYR, IMHOTEP, ISIS, JEAN LE BAPTISTE, JESUS, JOSEPH, JULES CESAR, KANT, KEPLER, KHADIJA, KHEOPS, KONG, KONGFUZIPLUS, KONZI, LAO TSEU, LEOCHARES, LI EUL, LIBON D'ELIDE, LUCIUS MUMMIUS, MANOU, MARCONI, MARIE, MAUSOLE, MAYA, MEMONES, MENDELEÏEV, METAGENES, MICHEL-ANGELO, MITHRA, MOÏSE, MOZART, MUHAMAD, NABUCHODONOSOR, NEMROD, NERON, NEWTON, NINUS, NIOBE, ŒNOMAOS, OMAR, OTHMAN, PASCAL, PASTERNAK, PASTEUR, PELOPS, PHARAON, PHIDIAS, PICASSO, PIXODOROS, PLATON, PONCE PILATE, POSEIDON, PRAXITELE, PTOLEMEE II PHILADELPHE, PTOLEMEE SÖTER, PYTHAGORE, PYTHEOS DE PRIENE, RAMSAY, RAMSES, RHOECE DE SAMOS, SALOMON, SATYROS, SCOPAS, SEMIRAMIS, SERAPIS, SESOSTRIS, SHAKESPEARE, SHUDDHODANA, SIDDHARTHA GAUTAMA, SILAS JOADLEY, SMYRNA, SOCRATE, SOSNO, SOSTRATOS DE CNIDE, SPINOZA, TAQI-AL-DIN, TCHEOU, THEODOROS DE SAMOS, THEODOSE LE GRAND, TIMOTHEOS, TITUS, UTNAPISHTIM, VINCI, VITRUVE, VOLTAIRE, VYASA, WIRTH, XIANTIAN, YIN XI, ZARATHOUSTRA, ZEUS, ZHENG ZAI, ZHENG ZAI, ZIUSUDRA, ZOÏLOS, ZOROASTRE.

Cabinet de réflexion

LA PIERRE PHILOSOPHALE ET LES TROIS PRINCIPES

LA FAUX

LA CLEPSYDRE ET LE SABLIER

Son regard découvre une série d'objets, qui serviront à ressentir les symboles qui accompagneront son Chemin Initiatique et qu'il transcendera. Il médite sur :

- Le Pain ;
- La Mort ;
- Les symboles alchimiques tels que l'Eau, le Sel, le Soufre, le Mercure ;
- Le Temps et le Cosmos
- Le miroir et la lumière.

Il s'interroge sur la présence :

- du Coq ;
- de la Faux ;
- d'une Veuve
- de la formule alchimique : V. I. T. R. I. O. L.

Il découvre divers préceptes et sentences qui lui sont proposés.

Le Cabinet de Réflexion éveille, invite à la méditation et prépare le néophyte à transcender le matériel en spirituel, à devenir une pierre vivante parfaitement insérée dans l'humanité.

Il s'engage sur un Chemin Initiatique et Traditionnel qui lui permettra de reconquérir son identité, de le rendre responsable et maître de sa vie. L'initiation maçonnique est Libératrice. Elle constitue une démarche profondément ésotérique qui ne peut se réaliser pleinement qu'au travers d'un vécu, d'une ascèse et ne peut se décrire à l'aide de mots. C'est " le Secret maçonnique ". L'initiation permet à chacun de définir une direction possible hors de tout dogme.

Le néophyte pourra se Métamorphoser, s'Accomplir, se Faire et se Perfectionner tout au long de ce chemin initiatique qu'il souhaite librement découvrir grâce à une réflexion constellée de symboles.
Le Cabinet de Réflexion représente la première phase initiatique au cours de laquelle le néophyte est seul face à lui-même, à ses devoirs, à ses doutes, à ses aspirations, à son devenir.

C'est le retour au " Centre de la Terre ", au plus profond de son Etre.

" homme tu étais, Homme tu deviens "

Visita
Interiora
Terræ
Rectificando
Invenies
Occultum
Lapidem

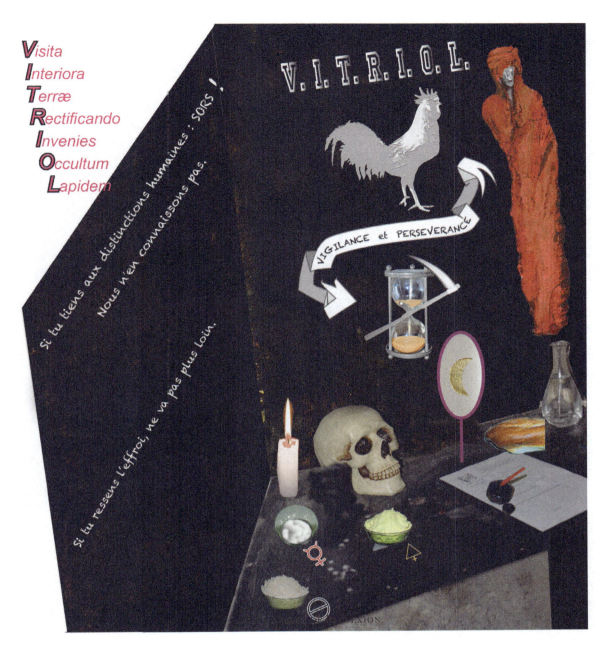

Si tu tiens aux distinctions humaines : SORS !
Nous n'en connaissons pas.

Si tu ressens l'effroi, ne va pas plus loin.

CHERCHE DANS LES TÉNÈBRES
CHERCHE DANS LA LUMIÈRE

TU TROUVERAS

Visite l'Intérieur de la Terre, en Rectifiant tu Trouveras la Pierre Cacnée.

LAISSE TES MÉTAUX À LA PORTE DU TEMPLE.

SOIS HOMMME VRAI.

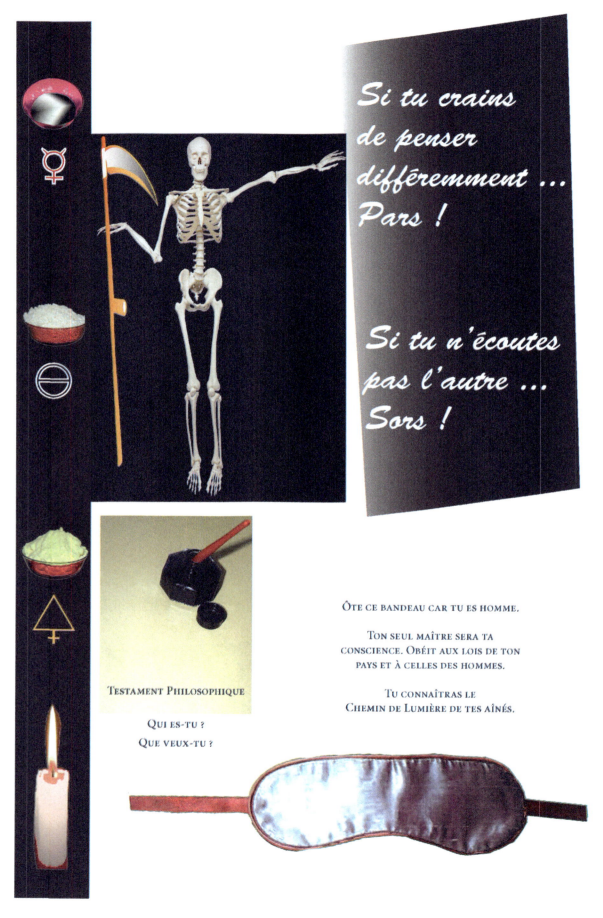

Si tu crains de penser différemment … Pars !

Si tu n'écoutes pas l'autre … Sors !

Testament Philosophique

Qui es-tu ?
Que veux-tu ?

Ôte ce bandeau car tu es homme.

Ton seul maître sera ta conscience. Obéit aux lois de ton pays et à celles des hommes.

Tu connaîtras le Chemin de Lumière de tes aînés.

Pour franchir la porte du Temple :

- Agis envers les hommes comme tu voudrais que les hommes agissent envers toi.

- Aime ton prochain. Ne fais point le mal.

- Fais le bien.

- Comprends avant de juger.

- Dis la vérité, pratique la justice, pense avec droiture.

- Ecoute toujours la voix de ta conscience, elle est ton juge.

- Lis, vois, réfléchis et travaille.

- Ne flatte point ton Frère, c'est une trahison.

- Ne juge pas légèrement les actions des hommes.

- Loue peu et blâme encore moins.

- Pense que pour bien juger les hommes, il faut sonder les cœurs et scruter les intentions.

- Regarde les mains pures, non les mains pleines.

- Réjouis-toi dans la justice : courrouce-toi contre l'Iniquité.

- Si ton Frère te flatte, crains qu'il ne te corrompe.

- Si tu persévères, tu seras purifié par les éléments, tu sortiras de l'abîme des ténèbres et tu verras la lumière.

Alors rejoins-nous et, ensemble, nous pourrons Bâtir, Construire et Créer.

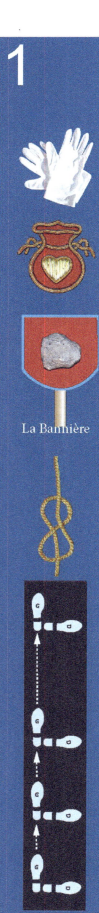

Apprenti

L'HOMME SE PERFECTIONNE

Un homme vient de choisir librement de bâtir une nouvelle conception de son engagement. Il exige de lui-même surpassement et créativité car il s'impose de ne plus être comme avant.

Pour ce faire, il a décidé de s'élancer sur un Chemin Initiatique qui lui permettra de se surpasser sans cesse, de s'élever par et sur lui-même, de se recréer, de se rebâtir, de se reconstruire. Le Rite Futura, lui offre ce cheminement.
Homme d'intelligence et homme de cœur, il pourra approfondir et étudier la voie symbolique. Car ici " Tout est Symbole ".
Il ne sera plus jamais seul dans la réflexion et l'action qu'il parcourra solitairement et collectivement. Il saura se retirer un instant du monde pour y retourner mieux armé car il sera enrichi du Savoir et de la Connaissance.

Son œuvre s'intégrera à l'alliance universelle des hommes qui recherchent sans cesse le Perfectionnement matériel, intellectuel et moral de l' humanité. Il saura mourir aux préjugés et aux idées préconçues pour renaître à sa vie nouvelle.
Cet homme évoluera sans contrainte afin de tendre vers une haute spiritualité qui l'élèvera parmi les hommes de grande compétence. Il enrichira la Tradition, cherchera la Vérité, pratiquera la Justice et l'Equité.

OSWALD WIRTH transmettait le message suivant : *« EN VOUS INITIANT À SES MYSTÈRES, LA F∴ M∴ VOUS CONVIE À DEVENIR DES HOMMES D'ÉLITE, DES SAGES OU DES PENSEURS, ÉLEVÉS AU-DESSUS DE LA MASSE DES ÊTRES QUI NE PENSENT PAS.*

NE PAS PENSER, C'EST CONSENTIR À ÊTRE DOMINÉ, CONDUIT, DIRIGÉ ET TRAITÉ TROP SOUVENT EN BÊTE DE SOMME.

C'EST PAR SES FACULTÉS INTELLECTUELLES QUE L'HOMME SE DISTINGUE DE LA BRUTE. LA PENSÉE LE REND LIBRE : ELLE LUI DONNE L'EMPIRE DU MONDE … ».

Homme, l'espace infini de la pensée s'offre à votre réflexion !
Soyez un homme Libre, un homme d'exception parmi nous.

Soyez à nos côtés pour Bâtir, Construire et Créer !

Ouverture / fermeture
A midi
A minuit

Age
Trois ans

LE TABLIER D'APPRENTI

LA PORTE BASSE

Mot de la Tradition et Mot de Passe
Bâtisseur
Volonté

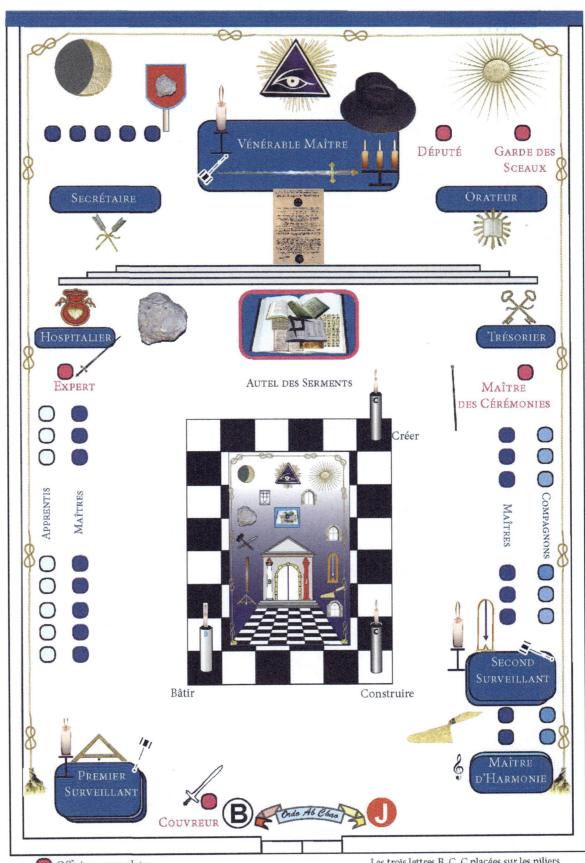

La Loge de l'Apprenti

Officiers sans plateau

Les trois lettres B, C, C placées sur les piliers disposés sur le tapis de loge signifient : Bâtir, Construire, Créer

Ethique de l'Apprenti Franc-Maçon

- Il acquiert la Sagesse c'est-à-dire l'Art de la Vie.
- Il aime son semblable.
- Il atteste sa bonne foi.
- Il Bâtit, Construit et Crée.
- Il est libre et de bonnes mœurs.
- Il exclut dans les loges toute discussion politique et religieuse.
- Il génère des idées d'honneur et de vertu.
- Il imprègne ses paroles et ses actes d'altruisme.
- Il lutte contre l'ignorance.
- Il n'impose aucune limite à la recherche de la Vérité et s'imprègne de Tolérance Raisonnée.
- Il obéit aux lois de son pays, vit dans l'honneur, exerce la justice.
- Il œuvre à l'émancipation progressive et pacifique de l'Humanité.
- Il pratique l'ascèse initiatique à l'aide des outils rationnels.
- Il proclame l'existence d'une Loi Universelle.
- Il s'engage dans les chemins de la Vertu.
- Il travaille sans relâche à l'amélioration de l'Homme et à son perfectionnement intellectuel et moral.
- Etc.

Quelques thèmes de réflexion

- Cultivons nos sentiments dans la fraternité.
- L'Autel des Serments et les Trois Grandes Lumières.
- L'Homme libre se détache des choses futiles.
- La Chaîne d'Union.
- La Lumière.
- La Loi Universelle.
- Le Pavé mosaïque.
- Le Tableau de Loge.
- Le Tablier porté du plus illustre au plus humble.
- Le domaine infini de l'action créative.
- Les colonnes ornées de grenades.
- Les Officiers d'une Loge.
- Les outils du perfectionnement de l'Apprenti.
- Les Sept Volumes de la Tradition et le Livre Blanc.
- Nul n'entre ici s'il n'est Géomètre, nul n'entre ici s'il n'est que géomètre
- Pratiquer la Bienfaisance dans un but humaniste.
- Savoir et Connaître, outils du perfectionnement
- La loge est équitable et parfaite.
- Toutes les heures sont utilement employées.
- Tracer le tableau de la loge, tracer sa vie.
- Travailler avec ferveur pour la Liberté.
- Une rose et une paire de gants blancs.
- Vaincre ses viles passions.
- Vouloir le perfectionnement pour parfaire l'Œuvre.
- Les trois piliers.
- La Tolérance Raisonnée.
- Etc.

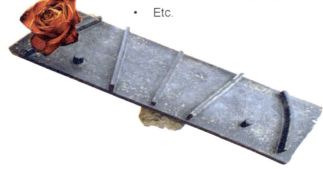

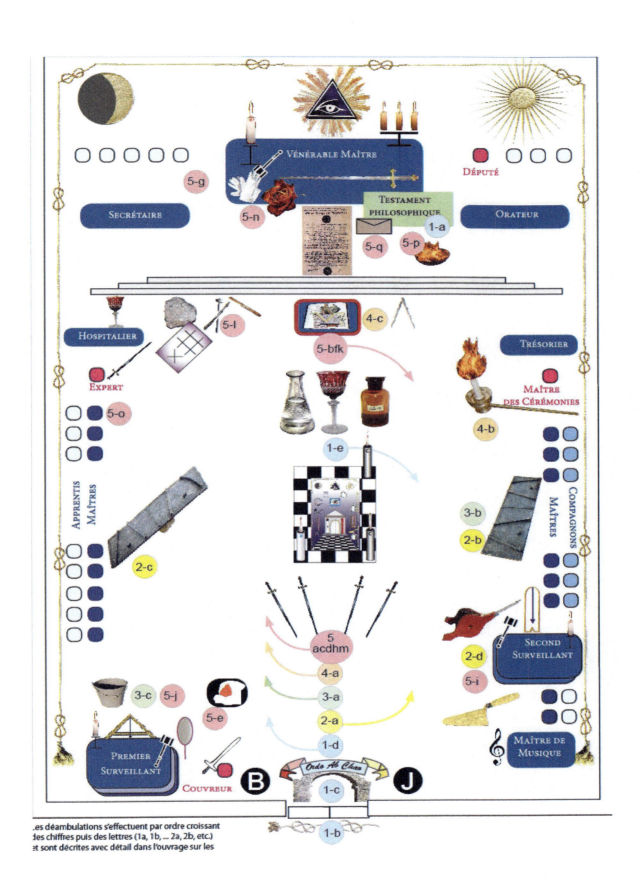

Devenir Apprenti en quatre voyages

Les quatre éléments base de toute construction

3

- ans
- branches du chandelier
- côtés du triangle
- coups à la porte
- coups de la batterie
- coups de maillet
- coups sur l'épaule
- coups sur la pierre brute
- coups sur le sol
- étoiles
- fenêtres
- Grandes Lumières
- la dirigent
- marches de l'Orient
- pas
- lumières
- piliers
- premiers nombres
- scrutins
- épreuves des bras dans la chaîne d'union
- voyages
- santés

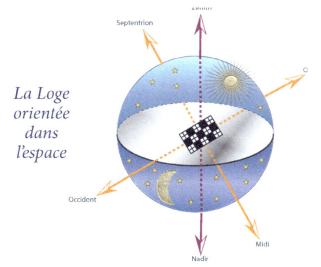

La Loge orientée dans l'espace

- Livre Blanc sur lequel reposent :
- Bible
- Coran
- Koung-Fou-Tseu
- Tao Te King des Taoistes
- Tripitaka du Bouddhisme
- Vedas de l'Hindouisme
- Zend Avesta du Zoroastrisme

Le Franc-Maçon du Rite Futura prête serment sur l'un des sept Volumes de la Tradition ou sur un Livre Blanc laissant à chacun sa liberté de penser, son pouvoir de conscience, ses convictions personnelles dans le cadre d'une autre Tradition qui serait la sienne.

Au centre : le tableau de loge de l'Apprenti

Sur le pourtour : la ceinture zodiacale en relation entre les douze lacs d'amour du cordeau. Elle symbolise uniquement le Cosmos

Compagnon

L'HOMME S'ÉLÈVE

L'Apprenti, grâce à sa maîtrise des outils de l'Equilibre et de la Perfection, il a dégrossi la Pierre Brute avant de pouvoir la façonner. Il s'élance maintenant vers la Connaissance basée sur la spiritualité pour mieux comprendre l'Homme et le Monde.

Il repense la notion de Mouvement afin de générer l'Elévation. Pour cela, il effectue cinq voyages initiatiques, selon un rituel des Compagnons opératifs. Il pourra ainsi polir et affiner la Pierre brute pour la métamorphoser en Pierre cubique qu'il intégrera avec précision dans son Temple intérieur.
En scrutant le monde des hommes, il identifie ses aspérités, ses imperfections ses perspectives positives. Devenu Pierre vivante et muni des outils du grade, il s'élèvera au dessus de ceux qui négligent le travail.

Compagnon, il devient l'adepte du précepte gravé en lettres d'or sur le fronton du Temple de Delphes :

" Connais-toi toi-même et tu connaîtras l'Univers et les Dieux ".

Il incruste la loi morale des Compagnons dans sa conscience en affinant son Chemin Initiatique. Il s'insère dans le Temple de l'Humanité car il sait placer harmonieusement les pierres dans l'Edifice.
Il parfait son œuvre car il maîtrise les styles architecturaux fondamentaux, mais n'hésite pas en s'en éloigner momentanément pour créer une vision nouvelle de l'architecture humaine.
Il devient Créateur.
Il étudie l'Œuvre des Génies de l'Humanité, scientifiques et littéraires et peut librement, grâce à son intelligence, imaginer, inventer et bâtir.
Le Compagnon du Rite Futura s'élève sur lui-même, par lui-même et pour lui-même et pour les autres.
Il vénère le Travail, mission émancipatrice qui l'intègre au Grand Œuvre, donc au Cosmos. Il sait maintenant que le travail émancipe et ennoblit l'homme et lui ouvre la voie de la Liberté.

Il approfondit le sens ésotérique de la lettre G, qui resplendit au centre de l'étoile flamboyante. Etoile qui illumine le Temple de son Savoir et de sa Connaissance. Le Compagnon du Rite Futura peut maintenant vivre une véritable évolution initiatique et créatrice.
Il pourra légitimement aspirer à devenir Maître.

Ouverture / fermeture
A l'aube
A l'aurore

Age
Cinq ans

Mot de la Tradition et Mot de Passe
Justesse
Prospérité

LE TABLIER DE COMPAGNON

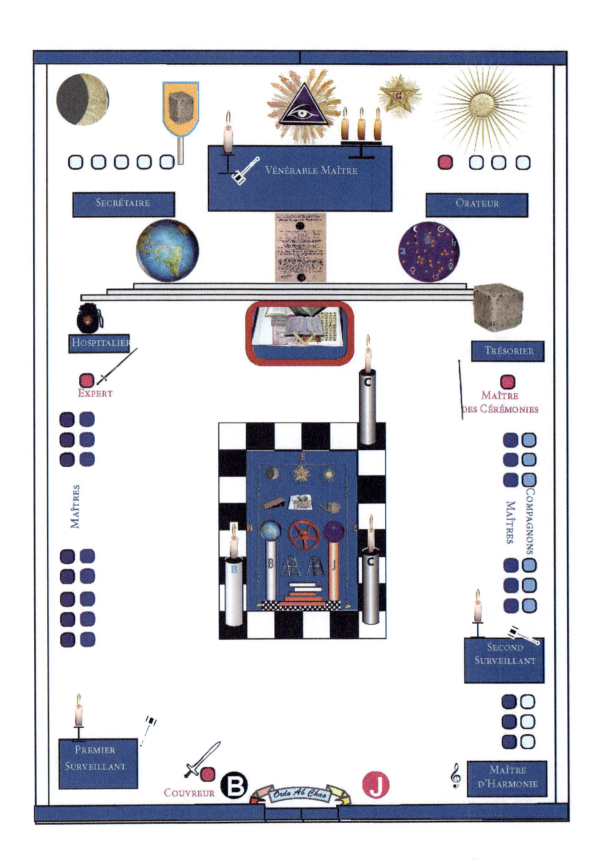

La Loge du Compagnon

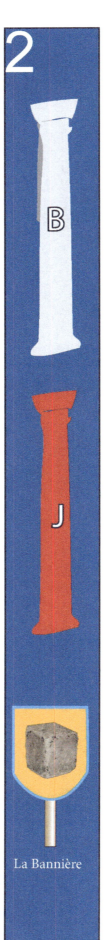

La Bannière

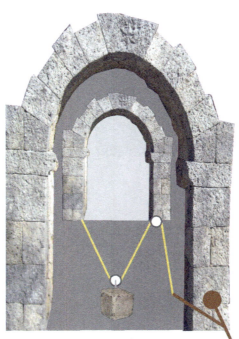

Le compagnon lève sa Pierre Cubique pour se construire lui-même.

Le compagnon enfouit au fond du puits de l'obscurantisme les idées préconçues et les préjugés.

Il en extirpe sa Pierre cubique ou philosophale pour se libérer, s'émanciper et se défaire de son ignorance,

La Roue,

vecteur du déplacement dans l'horizontalité et la verticalité

symbole du Progrès, de l'Avancée et de l'Elévation

Le compagnon connaît ses limites et les repousse toujours plus loin.

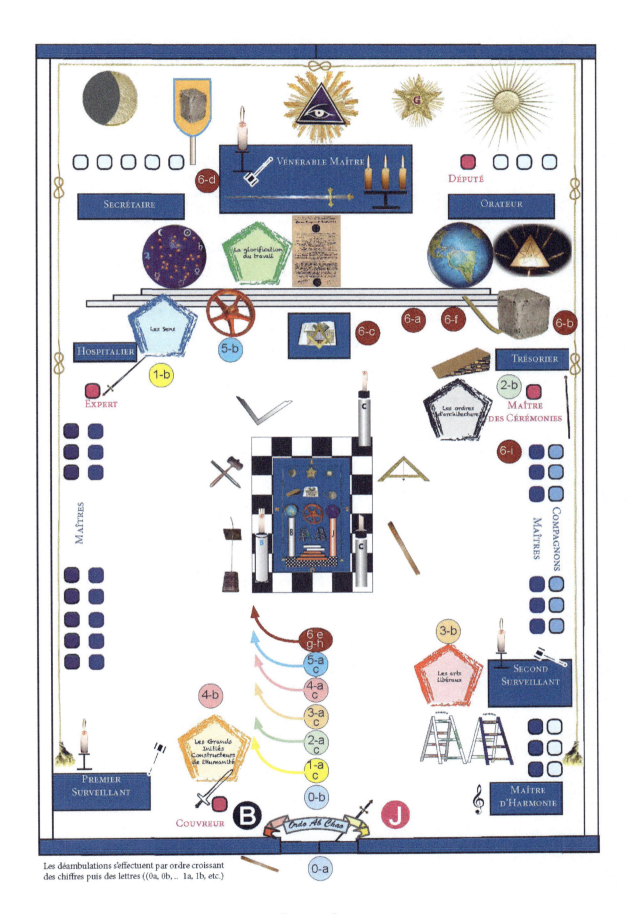

Les déambulations s'effectuent par ordre croissant des chiffres puis des lettres ((0a, 0b, .. 1a, 1b, etc.)

Devenir Compagnon

2

Ethique du Compagnon

- Il affirme une volonté intelligente, inaltérable et désintéressée.
- Il apprend à Bâtir, Construire et Créer.
- Il développe les cinq sens.
- Il est prudent.
- Il parcourt les voies de la Sagesse et de la Connaissance.
- Il recherche la Vérité, objet principal du Travail initiatique.
- Il revient toujours à la règle.
- Il sait explorer le monde extérieur.
- Il triomphe par sa persévérance.
- Etc.

Quelques thèmes de réflexion

- Cinq ans.
- Connaître la lettre G.
- De la perpendiculaire au niveau.
- Extraire du puits.
- Gloire au Travail.
- L'Epi de blé.
- L'escalier tournant vers le haut.
- L'Etoile Flamboyante.
- La double échelle, le Trivium et le Quadrivium.
- La marche du Compagnon.
- La roue et ses applications.
- Les colonnes à droite et à gauche de la porte d'entrée.
- Les ouvriers sont contents et satisfaits.
- Les signes de Salutation, de Fidélité et d'Ordre.
- Mot de la Tradition et Mot de Passe.
- Multiplier la force de la pensée par le Levier.
- Pourquoi la Musique est-elle Scientifique ?
- S'arracher le cœur.
- Un tablier de peau blanche, bavette rabattue.
- Etc.

Maillet et ciseau

Règle

Levier

Fil à plomb

Niveau

Equerre

La Roue aux cinq cartouches

- Les Sens
- Les Grands Initiés Constructeurs de l'Humanité
- Les ordres d'architecture
- La glorification du travail
- Les arts libéraux

Les Cinq Ordres Architecturaux

étudiés et exploités par le compagnon pour la construction.

de gauche à droite
en haut : Ionique, Toscan, Composite.
en bas : Corinthien, Dorique.

Le Plan incliné du constructeur

S'élever avec constance

5

- Ans.
- Branches de l'Etoile flamboyante.
- Cartouches.
- Coups de ciseaux sur la pierre.
- Coups de la batterie.
- Coups de maillet.
- Interprétations de la lettre G.
- Ordres architecturaux.
- Pas de la marche.
- Sens.
- Voyages.

La lettre G au cœur du pentagramme et du triangle, lumineux et rayonnants

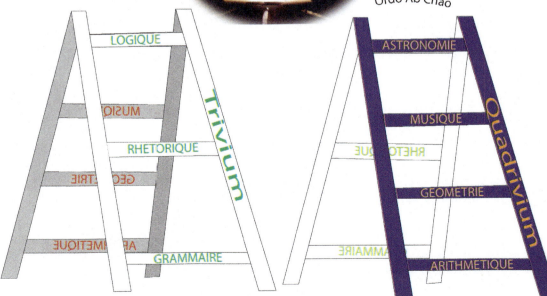

Ordo Ab Chao   Ordo Ab Chao

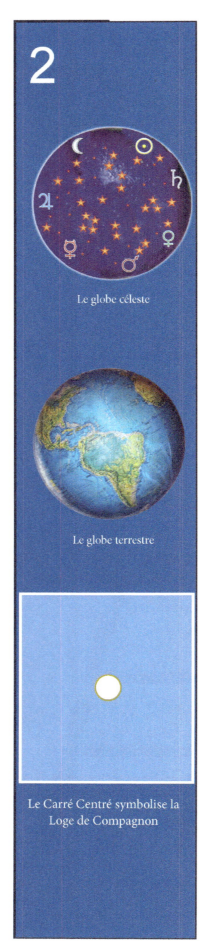

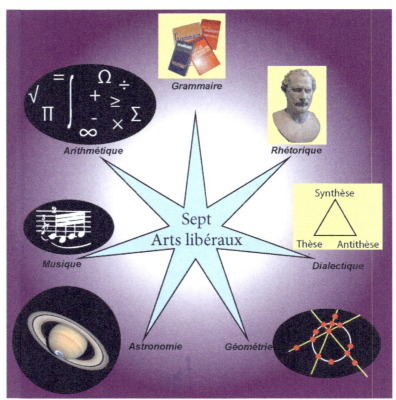

LES TROIS DISCIPLINES LITTÉRAIRES ET LES QUATRE DISCIPLINES SCIENTIFIQUES

D'APRÈS R. - C. HUQLOSA 2017

Le tableau de loge du Compagnon

Maître

L'HOMME SE TRANSCENDE

La légende du grade

Le grade de Maître, troisième degré du Rite Futura, constitue une charnière fondamentale au sein de la pensée maçonnique. Ce grade : transcende le matériel (le corps d'Hiram) en spirituel, le savoir en Connaissance. Il passe de l'outil à l'Homme, de l'équerre au compas. Il retrouve et vivifie la Tradition ; régénère l'Homme mais ne le ressuscite pas ; introduit la notion de " légende " et du " mythe fondamental de la Franc-maçonnerie " ; fait référence pour la première fois dans le Rite Futura, à des noms de personnages et de lieux cités dans les Livres de la Tradition ; propose un sens à la vie, à la mort ; permet l'enrichissement de la Franc-maçonnerie tolérante d'Anderson, etc.

Le roi SALOMON prit l'initiative de construire un imposant Temple à la Gloire de son Dieu, à Jérusalem.
L'ampleur du projet nécessitait la collaboration des plus hautes compétences techniques. SALOMON fit appel à HIRAM ABI, grand architecte et spécialiste des métaux et des alliages pour diriger les ouvriers du chantier du Temple et fut nommé " Maître ".
Durant la construction du Temple, trois compagnons ambitionnèrent d'arracher à HIRAM ABI les secrets des Maîtres que seuls trois dignitaires pouvaient communiquer ensemble : le roi SALOMON, le roi ABI DE TYR et l'architecte HIRAM ABI. Si seulement l'un des trois manquait, le Secret ne pouvait pas être communiqué. Afin d'entrer indûment en possession de ce Secret, trois ouvriers-compagnons complotèrent et tendirent au Maître un guet-apens, aux trois portes de sortie du Temple en construction.

Le premier compagnon frappa le Maître HIRAM ABI à l'aide d'un fil à plomb et le blessa à la tête sans pour autant obtenir la moindre révélation. Blessé, HIRAM ABI s'échappa et se dirigea précipitamment vers à la deuxième porte. Malheureusement pour lui, à cet endroit, un autre conjuré lui barra la route, et faute d'obtenir les révélations attendues, il lui asséna un violent coup sur la tête à l'aide d'un niveau qu'HIRAM ABI détourna mais fut profondément blessé à l'épaule. Quasiment inconscient, Maître HIRAM se dirigea vers la troisième porte du Temple où se dissimulait le troisième complice. Sans pitié, ce mauvais compagnon porta un violent coup de maillet sur le front de l'Architecte qui, avant de périr s'écria :

« Plutôt la mort que de violer le Secret qui m'a été confié ».

Ne voyant plus apparaître HIRAM sur le chantier du Temple, ses compagnons partirent à sa recherche, et retrouvèrent son corps sous un tertre signalé par une branche d'acacia.
Symboliquement, HIRAM retrouvé, " renaît en nous.
Le Secret d'HIRAM, fut perdu, mais remplacé par un secret substitué. La " Parole " venait d'être perdue, *de facto*, car l'un des trois Grands Maîtres, HIRAM ABI, venait de disparaître.

Les trois mauvais compagnons furent recherchés, retrouvés, jugés avec équité. Leurs châtiments furent appliqués selon la loi en usage.
Leurs noms sont maintenant effacés de la mémoire des véritables bâtisseurs, constructeurs, créateurs. Les Francs-Maçons les oublièrent à jamais.
L'enveloppe charnelle du Maître retourna dans le cycle de la nature et de la vie par la Terre, l'Eau ou le Feu. Sa spiritualité fut sublimée dans l'Air.

LES TENTURES

Le couvre-chef à large bord du Maître

La Pierre cubique à pointe.

De la Matière à la Pensée

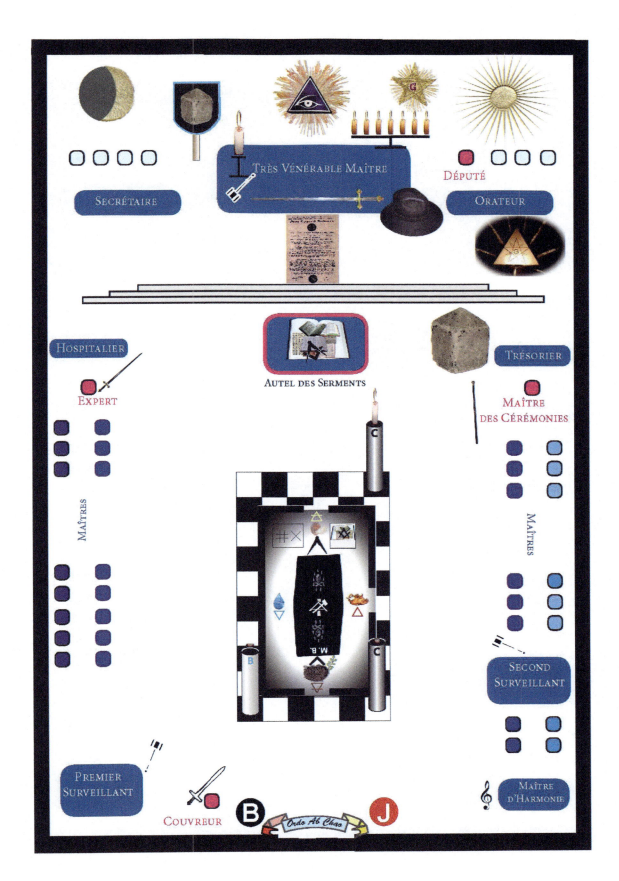

La Loge du Maître

La disposition de la loge pour devenir Maître :
Première phase de l'Elévation

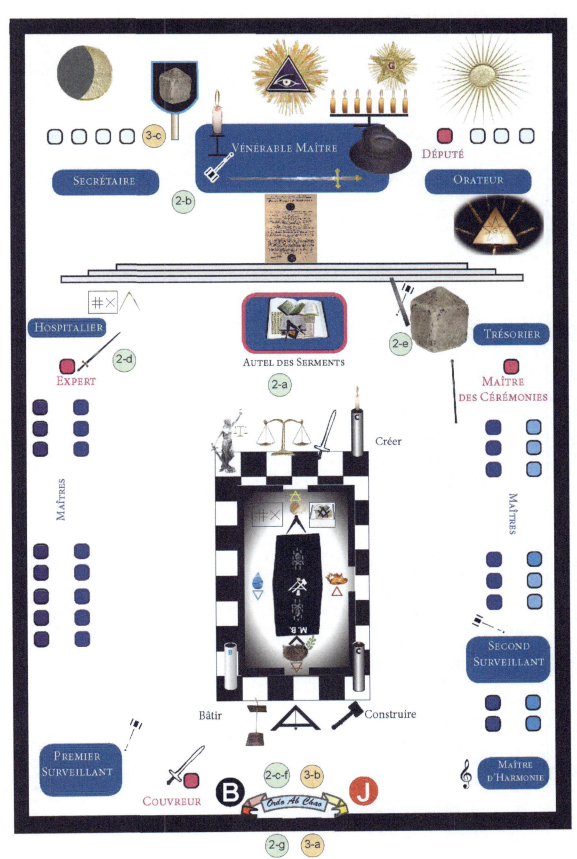

La disposition de la loge pour devenir Maître :
Deuxieme phase de l'Elévation

Le tablier de Maître (noir au verso)

Le Sautoir de Maître
Le verso est noir

Le Bijou

Le roi Salomon

Le roi Salomon succéda à son père le roi David et acheva la construction du Temple de Jérusalem. Afin de construire un Temple monumental et rayonnant, il fit appel aux plus grandes compétences de la région, dont l'architecte Hiram Abi, à qui il confia le travail des métaux, l'édification des colonnes, la réalisation de la Mer d'Airain et la surveillance des travaux.

Le roi Salomon occupe une place importante dans la légende du troisième degré.

Le roi Hiram de Tyr

Hiram de Tyr, roi polythéiste phénicien, régna sur cette puissante cité-état, renommée pour ses activités commerciales et maritimes. Il fit construire deux temples en l'honneur de ses dieux Melquart et Astarte.

Il entretint avec le roi Salomon des liens amicaux et commerciaux. Il lui procura hommes (architectes et maçons) et matériaux (bois de cèdre et de genévrier) en échange d'huile, de blé en outre de vingt villes de Galilée pour la construction du Temple de Jérusalem.

Venu spécialement de son pays pour assister aux obsèques d'Hiram Abi, le roi Hiram de Tyr déposa son corps dans la tombe, aidé par Adoniram, Stolkin, en présence de tous les ouvriers.

Le cœur d'Hiram Abi fut placé dans une urne au sommet d'un obélisque.

Hiram Abi

Hiram Abi, dit " Hiram " est un personnage biblique (I Rois, 7:13) qui édifia les deux colonnes principales du Temple de Jérusalem : Jakin la colonne de droite et Boaz celle de gauche en entrant dans le Temple. Il réalisa également une grande vasque circulaire nommée " mer d'airain ".

Hiram Abi, polythéiste, serait le fils d'une veuve, membre de la tribu de Nephtali. Les Francs-Maçons s'identifient à lui et se nomment " les enfants de la Veuve ". De ce fait ils sont tous frères. Hiram Abi était originaire de la ville voisine de Tyr dont les habitants, sous double influence phénicienne et égyptienne, étaient polythéistes. Ce bâtisseur à la demande du roi monothéiste Salomon, participa grandement à la construction du Temple de Jérusalem dédié à un dieu unique.

Le tableau de loge du Maître

Ethique du Maître

- Il assume tous ses Devoirs d'homme d'honneur.
- Il atteint la plénitude de l'initiation.
- Il bannit les irrégularités, les viles passions, les abus et les désordres.
- Il combat toute forme d'ignorance, de fanatisme et d'oppression.
- Il contribue au cycle de régénération.
- Il devient Maître car il connaît et transcende la mort.
- Il élève l'Homme spirituellement et le met en harmonie avec les lois du Cosmos.
- Il entreprend une ascension spirituelle.
- Il est penseur, juste et libérateur.
- Il façonne dans la Tradition les vecteurs du futur.
- Il meurt pour " se faire " et pour se reconstruire.
- Il passe du Savoir à la Connaissance.
- Il possède des prérogatives grâce à son mérite.
- Il développe le sens du Sacrifice.
- Il pratique la Justice, l'Equité, la Fidélité, le Courage, l'Humanité, la Tolérance et la Discrétion.
- Il prend garde à ses paroles.
- Il recherche perpétuellement la Connaissance.
- Il remplit ses devoirs envers tous les autres avec Justice, Constance, Fermeté et Exactitude.
- Il sait que la renaissance émerge de la mort.
- Il satisfait ses obligations avec zèle et fidélité.
- Il surmonte la peur de la mort.
- Il travaille, persévère et connaîtra la récompense.
- Etc.

Le Jugement

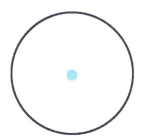

Le Cercle Centré symbolise la Loge de Maître

LA BANNIÈRE

Ouverture / fermeture
Au Coucher des Etoiles
Au Lever des Etoiles

Mot de la Tradition et Mot de Passe
Mac Benac
Vulcain

Age
Sept ans

Quelques thèmes de réflexion

- Au centre du Cercle.
- Chercher la perfection pour envisager l'intemporel.
- Comprendre avant de juger.
- De l'Aube à l'Aurore.
- De la mort initiatique à la vie régénérée.
- Ecouter avec attention avant de juger.
- Entre l'équerre et le compas.
- Etre libre de ses décisions.
- L'idéal initiatique et l'accomplissement du Devoir.
- La chair quitte les os, tout se désunit.
- La Chambre des Maître.
- La Connaissance repose à l'ombre de l'Acacia.
- La marche du Maître.
- La mort et l'ultime initiation.
- La Vérité triomphe toujours.
- Le bronzier et la Mer d'Airain.
- Le Mot de la Tradition.
- Le relèvement du Maître par les cinq points parfaits de la Maîtrise.
- Le Temple de Jérusalem avait trois portes.
- Les Enfants de la Veuve.
- Les signes d'ordre, d'horreur, de détresse.
- Rechercher la Vérité sans trêve.
- Renaissance, régénération, résurrection.
- Se diriger vers l'avenir grâce aux lumières du passé.
- Se livrer à ses travaux en toute sécurité.
- Séparer l'Ehal du Débir par un Voile Cosmique.
- Sept ans.
- Tracer le Cercle mystérieux.
- Un escalier tournant de 3 et 5 marches séparées par un repos.
- Une courbe pour enjamber le cercueil.
- Etc.

THÉMIS
ET LE JUGEMENT DES TROIS COUPABLES

JUSTICE ET EQUITÉ

DISTINGUENT LE MAÎTRE

L'ENFANT DE LA VEUVE

CHARLES QUINT, SOUS LE COMPAS
DE LOUISE DE SAVOIE, LA DAME EN NOIR

Maître de l'Arche

CONSTRUIRE UN MYTHE

La légende du grade

Les premières légendes relatant le Déluge ont été burinées sur des tablettes sumériennes et babyloniennes il y a 4 000 ans.

ANU, le père des dieux, décida d'exterminer la nouvelle espèce humaine qui, à ses yeux était devenue pléthorique et provoquait un vacarme insupportable qui perturbait la quiétude des dieux. Le dieu EA, connaissant ce funeste projet conseilla à ZIUSUDRA (ou UTNAPISHTIM) de construire un navire en bois et d'y accueillir un couple de chaque espèce animale susceptible de reproduction et de perfectionnement pour les sauver. Ces Etres sélectionnés étaient ainsi soustraits d'une humanité globalement corrompue.

Dès que l'écoutille de l'arche fut obturée, un déluge d'eau s'abattit sur la Terre et la submergea pendant 7 jours et 7 nuits (*40 jours dans la version biblique*).

Le septième jour, la tempête prit fin et le bateau ballotté de toutes parts s'échoua enfin sur les pentes du Mont Nishir, (*Mont Ararat*).

ZIUSUDRA lâcha une colombe puis une hirondelle qui revinrent se poser sur le bateau n'ayant aperçu aucune terre ferme. Peu après, il donna l'envol à un corbeau qui ne retourna pas. Il venait de se poser sur la terre ferme porteuse de nourriture. Les eaux venaient de se retirer.

Les aventuriers de l'Arche en sortirent et se répartirent sur la Terre, recréant une humanité régénérée.

Cette légende, basée sur la construction d'un navire, constitue un des premiers Rite de Passage, constamment repris par les Francs-Maçons, rite qui transforme l'homme imparfait en un homme perfectible.

Pour le Franc-Maçon, ce mythe et ce quatrième degré symbolisent la reconstitution de l'homme nécessaire à l'émergence d'une humanité recréée. Ce mythe constitue un rite de passage de régénération du *Chao* vers l'*Ordo* qui peut être interprété comme la version initiale du mythe d'*HIRAM*. Cette légende fut par la suite reprise par de très nombreuses cultures, philosophies ou religions. Une page nouvelle de l'Humanité s'écrivait.

Les bâtisseurs de l'Arche ont généré le germe d'une Humanité meilleure et plus éclairée.

Les tentures

Mot de la Tradition et Mot de Passe	Age
Ziusudra	Sept plus Sept
Espérance	

Ouverture / fermeture
Le premier des sept jours
La dernière des sept nuits

Le Tablier et le Sautoir
du Maître de l'Arche

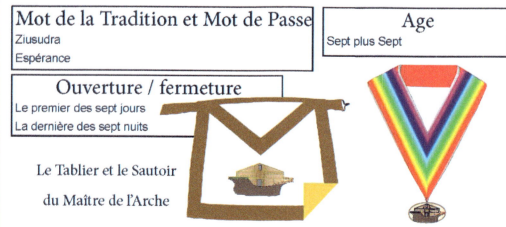

La Loge du Maître de l'Arche

4

Deucalion

Lone Man

Manu

Noé

Utnapishtim

Yima

Ziusudra

Ethique du Maître de l'Arche

Le Maître de l'Arche construit pour régénérer l'Homme.

- Il triomphe de l'ignorance et du fanatisme par la Connaissance et la Morale.
- Il élabore un idéal au service des autres.
- Il se conforte dans l'action constructive de Haute Valeur Morale.
- Il crée une nouvelle éthique empreinte de spiritualité, de conscience et d'amour.
- Il étouffe tout sentiment d'affection.
- Il bâtit en harmonie avec sa Conscience.
- Il recrée et rebâtit le monde.
- Il vivifie l'Espérance.
- Il construit à partir de la symbolique de l'eau.
- Il possède l'Espérance des bâtisseurs.
- Il bâtit l'Arche avec la Hache et le Chêne.
- Il marche vers la Lumière.
- Il connaît la Colombe, l'Hirondelle et le Corbeau.
- Il cultive le Blé, l'Olivier et le Laurier.
- Il médite la force de Vie, de Naissance et de Fécondité universelle.
- Etc.

  - Livres de la Tradition
  - Etoiles blanches
  - Coups frappés avec la hache
  - Pas réguliers de la marche
  - Coups réguliers de la batterie
  - Le premier des sept jours
  - La dernière des sept nuits
  - Sept plus sept
  - Sept jours et sept nuits
  - Le septième jour

Quelques thèmes de réflexion

- Pourquoi et pour qui construire une Arche ?
- Le premier des sept jours, la dernière des sept nuits.
- Quel Elitisme et quel Humanisme ?
- Que deviennent les exclus de l'Arche ?
- Que construisent les élus de l'Arche ?
- Le Tablier de couleur terre ocre orné de l'Arche, le Sautoir arc-en-ciel et le Bijou.
- Des tentures de couleur terre ocre parsemées de gouttes d'eau et d'ambre.
- Sept plus Sept.
- Ziusudra, Utnapishtim et les autres.
- Régénérer l'Homme et émerger une Humanité recréée.
- La marche du Maître de l'Arche.
- Le Tableau de Loge.
- Cinq voyages pour se recréer et bâtir.
- Le Déluge, un mythe Universel polymorphe.
- Des eaux profanes aux Eaux sacrées.
- L'eau lustrale et la purification de l'Homme.
- L'eau Sacramentale et la Connaissance Supérieure.
- Tout était calme et serein.
- Etc.

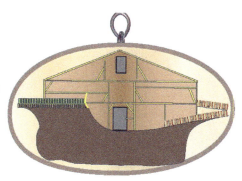

Le bijou

Le Tableau de Loge du Maître de l'Arche

4

TOUT EST CONSTRUCTION

Le Chêne

TOUT EST LUMIERE

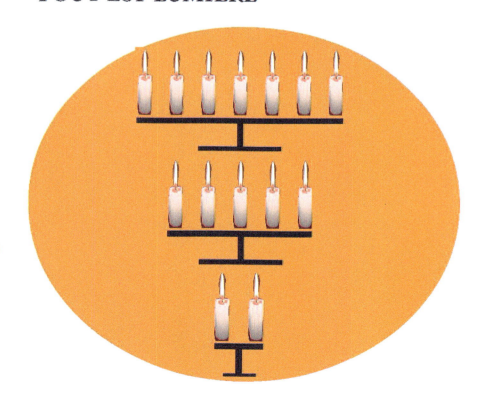

TOUT EST ESPERANCE

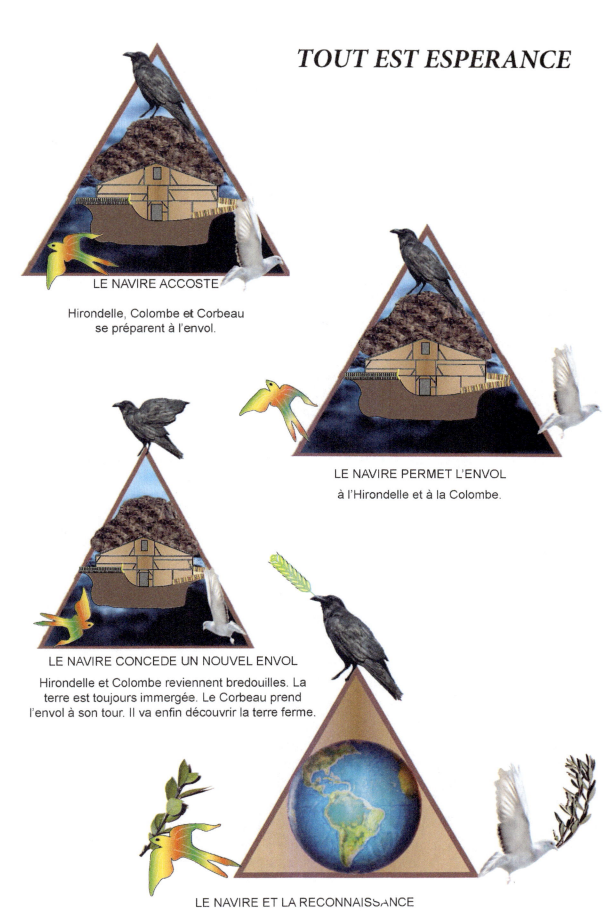

LE NAVIRE ACCOSTE

Hirondelle, Colombe et Corbeau se préparent à l'envol.

LE NAVIRE PERMET L'ENVOL
à l'Hirondelle et à la Colombe.

LE NAVIRE CONCEDE UN NOUVEL ENVOL

Hirondelle et Colombe reviennent bredouilles. La terre est toujours immergée. Le Corbeau prend l'envol à son tour. Il va enfin découvrir la terre ferme.

LE NAVIRE ET LA RECONNAISSANCE

Les trois oiseaux porteurs d'Espérance reviennent une dernière fois « remercier » les Constructeurs, avant de prendre un ultime envol.

Maître de Patmos

TRACER SA CITÉ IMAGINAIRE

La légende du grade

Le Temple de Jérusalem est détruit une première fois par les armées babyloniennes de NABUCHODONOSOR puis reconstruit cinquante ans plus tard.
Les romains, sous la domination de TITUS, anéantissent une deuxième fois le Temple.

L'exaspération envahit JEAN qui victime d'une révolte juive fuit la Palestine et se réfugie dans l'Ile grecque de Patmos. Du sommet d'une montagne, envahi par une vision surnaturelle apocalyptique décrivant les avatars qui accompagnent le monde, il énonce sa vision prémonitoire d'une nouvelle Cité immatérielle, donc indestructible et éternelle.

Il imagine, ésotériquement, à travers le Livre des Sept Sceaux et l'Arche d'Alliance de l'Apocalypse, une nouvelle Cité virtuelle donc immatérielle, qui envahit les hommes pour les éclairer.

Cette construction rayonnante est d'une grandeur et d'une beauté exceptionnelles. Elle symbolise, pour Jean, la Lumière d'un Monde nouveau qui doit guider les hommes.

Cette Cité constitue pour ce visionnaire, un imaginaire sans limite.

5

LE BIJOU
L'ACACIA AUX DOUZE FRUITS

SPLENDEUR
SOLIDITÉ
STABILITÉ

LES TENTURES

LE TABLIER DU MAÎTRE DE PATMOS

LE SAUTOIR

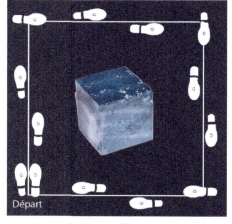

LA MARCHE DU MAÎTRE DE PATMOS AUTOUR DE LA PIERRE CUBIQUE BLEUE

Ouverture / fermeture
La Cité descend
Tout est uni

Mot de la Tradition et Mot de Passe
Jean
Imaginer

Age
Douze ans

La Loge du Maître de Patmos

Ethique du Maître de Patmos

- Il connaît l'acacia aux douze fruits et l'Arbre de Vie.
- Il mesure la Cité.
- Il atteint le sens profond des symboles et des paraboles.
- Il analyse, compare, mesure, médite, transcende pour pouvoir bâtir.
- Il planifie et persévère dans son Etre.
- Il conserve à travers sa Cité, sa Tradition.
- Il substitue au Combat cruel et à la Peine inhumaine, le Repos, la Paix et l'Intelligence du Cœur.
- Il connaît la Cité Céleste.
- Il imagine.
- Il ouvre les douze portes.
- Il honore son Tablier et son Sautoir.
- Il unit le Haut et le Bas.
- Il favorise l'Harmonie et l'Union dans l'Univers et chez les hommes.
- Il recherche l'Idéal de Perfection.
- Il découvre la Lumière du Monde.
- Il éclaire les hommes pour les métamorphoser.
- Etc.

Quelques thèmes de réflexion

- Un triangle lumineux rougeâtre.
- Un cristal prismatique rouge, un cristal cubique bleu et un cristal dodécaédrique vert.
- Douze lumières sur les plateaux (6 + 3 + 3) et douze portes constamment ouvertes de jour comme de nuit.
- La Cité descend et tout est uni.
- A l'Ordre et par le Signe.
- Révélation.
- Jean de Patmos et la Cité imaginaire.
- Il n'y a plus d'opposition entre le Ciel et la Terre.
- Ezéchiel avait vu.
- Ambitions mesurées dans une Cité démesurée.
- Le fleuve nourricier de l'Acacia aux douze fruits, Arbre de Vie.
- Ici, ni Soleil, ni Lune car tout est Lumière.
- Tendue de bleu et parsemée de Roseaux d'Or.
- La Cité Nouvelle brille comme une pierre précieuse.
- La Lumière inonde la Terre des Hommes.
- Le Temps de l'Intemporel et de l'Eternel.
- Le Voyageur, la Ville, le Fleuve et l'Acacia.
- Douze ans.
- Du Virtuel au Spirituel, de la Pierre à l'Esprit
- etc

12

- arêtes du cube qui circonscrit la Jérusalem Céleste
- faces du dodécaèdre
- fruits différents sur l'acacia
- pas de la marche
- portes de la Cité
- tribus
- ans
- mille stades de côté (dimension de la ville)
- fondements qui supportent les murailles
- pressions des doigts
- étoiles
- etc.

Le Tableau de Loge du Maître de Patmos

5

Une Vision pour Construire

Une Arche d'Alliance →

Un Livre aux sept Sceaux →

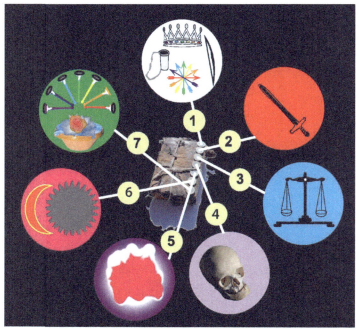

Les douze pierres précieuses ayant servi à l'édification des fondations de la ville nouvelle →

Améthyste	Ouverture au monde
Hyacinthe	Vision du futur
Chrysoprase	Imagination
Topaze	Perspicacité
Béryl	Constance
Chrysolite	Solidité
Cornaline	Régularité
Sardoine	Spiritualité
Emeraude	Secret
Calcédoine	Transmission
Saphir	Emulation
Jaspe	Persévérance

L'Acacia, Arbre de Vie et les douze fruits du Maître de Patmos

Maître de Babel

LE PARADOXE DE L'ÉLOGE DE LA DIFFÉRENCE

La légende du grade

Plusieurs décennies après l'accostage de l'Arche sur le Mont Nishir, les descendants de ZIUSUDRA qui parlaient la même langue s'installèrent dans une vaste plaine du pays de Shinar en Mésopotamie. Ils se multiplièrent rapidement et formèrent une importante communauté.

Le cruel NEMROD se proclama " Roi " afin de dominer ses hommes et les asservir. Pour enraciner sa domination, il les regroupa et les obligea à implanter une ville, la future Babylone et à y élever une immense tour de briques d'argiles scellées par du bitume. Cette tour devait atteindre les cieux et permettre à Nemrod d'être célèbre, glorieux et vénéré comme un dieu à son tour. L'édifice prit rapidement de l'ampleur concrétisant orgueil et démesure des constructeurs.
Les bâtisseurs se regroupèrent par affinités corporatistes et ne communiquaient plus entre eux que par des langages spécifiques.

Irrité par de telles prétentions démesurées, Dieu mit fin à l'ambition aventureuse de NEMROD en multipliant les idiomes ce qui empêcha les bâtisseurs de se comprendre et de poursuivre la construction de la Tour. La tour inachevée fut affublée du nom de Babel, ce qui signifie " Confusion ". Elle se détériora rapidement et s'effondra, éloignant les bâtisseurs qui abandonnèrent le chantier, quittèrent la ville et se dispersèrent sur la surface de la Terre.

Les Francs-Maçons, enrichis par la légende de cette construction mythique, rassembleront les différences sans les fondre les unes dans les autres. Ils créeront, réuniront ce qui est épars et construiront, avec la richesse des spécificités, non seulement tours et villes mais également des courants de pensées grâce auxquels les hommes deviennent Homme. La multiplicité devient alors une richesse de l'Humanité et constitue le germe de l'éloge de la diversité. Les Francs-Maçons, prenant en compte les lois du Cosmos savent que le " Un contient le Tout et le Multiple " et que les concepts intellectuels monolithiques se disloquent tôt ou tard. Le Cosmos apprécie l'Ordo mais pas l'Uniformité. L'unicité des constructions, comme la Tour de Babel, est-elle une utopie qui ne laisse aucune place à la différence et à la diversité ?

Les tentures

Ouverture / fermeture
La Tour s'élève
La Tour s'écroule

Mot de la Tradition et Mot de Passe
Babel
Rassembler

Age
Sept ans révolus

Le Sautoir et le Tablier

La loge du Maître de Babel

6 Ethique du Maître de Babel

Le Bijou

Le Maître de Babel doit éviter l'orgueil destructeur et l'uniformité qui nivelle. Il cultive la diversité, tant dans ses réalisations que dans sa spiritualité.

- Il est riche de ses spécificités mais ne les fait pas prévaloir.
- Il applique une sentence seulement après un jugement, en excluant tout zèle.
- Il évite que les fautes et les ambitions individuelles n'entraînent la perte de tous.
- Il est compris de tous.
- Il ne domine pas les hommes pour les asservir.
- Il construit des tours solides et pérennes.
- Il désire atteindre les sommets de la spiritualité.
- Il fuit l'Orgueil, la Démesure et la Confusion.
- Il rassemble les différences sans les unifier.
- Il contribue à fonder et unir les pensées.
- Il ne laisse pas ses pensées sans conclusion.
- Il éloigne l'isolement dû au manque de communication.
- Etc.

MARCHE SENESTRORSUM DU MAÎTRE DE BABEL

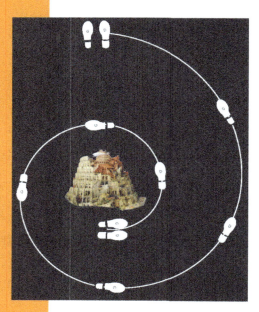

Quelques thèmes de réflexion

- Abandonner le chantier.
- Mettre fin à toute ambition aventureuse.
- Punir l'assassin de l'innocent.
- De cinq heures du matin à six heures du soir.
- Sept pas spiralés.
- Sept coups égaux.
- Sept ans.
- Action - réaction à travers le 10ème degré.
- Comprendre pour construire.
- Se disperser sur la surface de la Terre.
- Les multiplicités, richesses de l'Humanité.
- Eloge de la Diversité.
- Le Un contient le Tout et le Multiple.
- Les concepts intellectuels monolithiques sont friables.
- Devenir l'axe du monde : Espérance illusoire ?
- L'inachèvement.
- L'Œuvre inachevée.
- Tour de Babel : refus de la diversité ?
- Le Principe de la Dispersion et de la Propagation des choses et des idées.
- Prise de possession des espaces et des pensées par les hommes.
- La Connaissance est-elle sans limite ? Peut-elle approcher l'infini sans faire ombrage ni apparaître comme un défi lancé aux dieux ?
- La diversité enrichit l'Humanité dès lors qu'elle rassemble ; l'uniformité l'appauvrit dès lors qu'elle nivelle.
- L'unicité des choses entraîne-t-elle la pensée unique ?
- La Tour s'élève, la Tour s'écroule.
- Unir les briques par le bitume et les hommes par la pensée.
- Le Tableau de Loge du Maître de Babel.
- L'arbre des pensées religieuses.
- La Spirale de la pensée philosophique.
- Les planisphères des langages.
- L'idée du constructeur selon le cycle septenaire.
- Etc.

Le tableau de loge du Maître de Babel

6 Eloge de la différence

L'arbre de la diversité des pensées religieuses

L'arbre de la diversité des lettres

La diversité des langages dans le monde

La diversité des pensées

Construire l'Idée selon le cycle septenaire :

créer sur tous les plans, matériels, intellectuels, psychiques, etc.

Maître Egéen
Tracer son Chemin

LA BANNIÈRE

La légende du grade

Le récipiendaire revisite le chemin initiatique de PYTHAGORE DE SAMOS, bâtisseur universel. Comme lui, il parfait symboliquement son initiation au cours d'un long périple, le menant de Grèce en Phénicie, puis de Mésopotamie en Crête, en Thrace et dans le golfe de Tarente. Ce riche parcours le hausse au rang de Maître, ce qui lui permet de créer à Crotone, une riche école de pensée qui se ramifie sur les bords de la Méditerranée. Cette communauté initiatique et profondément élitiste comprend quatre degrés : les Postulants, les Néophytes, les Acousmaticiens et les Mathématiciens.

La vie de Pythagore, Grand Initié, ainsi que sa mort furent une véritable énigme invitant l'impétrant à affiner sa Connaissance. Pythagore cultive indéfiniment le Secret comme il maîtrise l'infinité des nombres.

La doctrine ésotérique du " Maître Egéen " s'appuie sur une connaissance pluridisciplinaire basée sur la fusion de l'arithmétique, de la musique, de la poésie, de la géométrie, de l'astronomie, de la médecine, des sciences politiques, etc.

Le récipiendaire redécouvre ce riche cheminement initiatique basé sur l'oligarchie et l'élévation de l'esprit à partir du Nombre.

LE TABLIER ET LE SAUTOIR DU MAÎTRE EGÉEN

LES TENTURES

Ouverture / fermeture
A l'aube du Périple

Au crépuscule du Périple

Mot de la Tradition et Mot de Passe
Rhoèce de Samos

Un des Dix

Le bijou

Age
Soixante ans (trois fois quatre fois cinq : 3 x 4 x 5)

La Loge du Maître Egéen

7

αλλά γνώθι μεν ως θανέειν πέπρωται άπασιν

Sois conscient que la mort est le sort de chacun
(Vers Dorés des Pythagoriciens)

La quadrature du Cercle

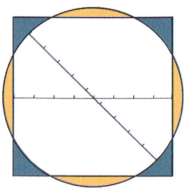

Les quatre cercles de l'initiation du Maître Egéen

La quadrature du cercle.
Avec compas et équerre.
Cherchez et vous trouverez !
Tout problème recèle en secret, une
solution, quelquefois approchée

Se construire avec la
rigueur de la Spirale
Pythagoricienne

Deux Arbres de la Connaissance Pythagoricienne
Construire indéfiniment

A partir du triangle isocèle
Même méthode, Aspect différent

A partir du triangle
aux côtés 3 - 4 - 5
Noter la forme spiralée des
branches

N

Le Nombre

Le Tableau de Loge du Maître Egéen

Ethique du Maître Egéen

Le Maître Egéen est Homme d'exigence, de précision et de création.

- Il apprend de ses voyages.
- Il deviendra immortel par ses Créations.
- Il se soustrait au vice et à la dépendance aveugle, générateurs d'esclavage.
- Il respecte la lettre et l'esprit des lois.
- Il est lucide et vigilant en toutes choses.
- Il connaît le cercle et sa quadrature.
- Il est " Edifice " fondé sur la perfection.
- Il sait que le cercle n'a ni commencement ni fin.
- Il transcende l'amitié.
- Il agit par le Nombre, principe, origine et fondement de toute chose.
- Il évite la discorde.
- Il respecte la règle et applique Justice et Equité.
- Il constate que les êtres malheureux sont souvent responsables des obstacles qu'ils rencontrent.
- Il sait que l'Esprit produit et révèle toute chose.
- Il cherche avant d'enseigner et de planifier.
- Il persiste dans ses progrès.
- Il se respecte lui-même, comme il respecte les autres.
- Il connaît la pureté des mœurs, la rectitude de l'intention et la volonté d'avancer.
- Il agit avec mesure, recherche l'équilibre et applique ce qui est juste.
- Il sait que son intelligence est une émanation de la Cause Première.
- Il transmet sans profaner.
- Il prend comme ami, le plus noble en vertu.
- Il entreprend une ascension spirituelle.
- Etc.

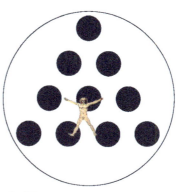

La Tétraktys dans le triangle équilatéral.
L'Homme au Centre de l'Idée

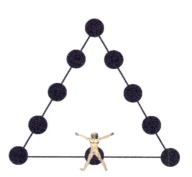

La Tétraktys dans le triangle équilatéral
L'Homme à la base de l'Idée

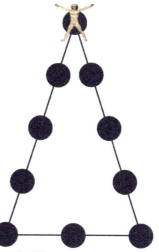

La Tétraktys dans le triangle d'Or.
L'Homme au Sommet de l'Idée

La Table du Banquet Rituel et du Partage, lors de la réception du Maître Egéen

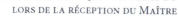

Canne ornée de la spirale de Pythagore

Les Doctes et Pythagore

HERMÈS
HERMODAMAS
OSIRIS
EPIMENIDE
THÉMISTOCLE

Quelques thèmes de réflexion

- La Spiritualité pythagoricienne et l'Homme.
- La Tétraktys.
- Connaissance et Parole perdue.
- Le Serment et le Secret, essences de la spiritualité.
- Savoir et Connaître pour Agir.
- Les arbres d'après Pythagore et les autres (Arbre de Vie, Arbre kabbalistique des dix sephiroths, etc.).
- Vénérer le Serment et les Etres sages.
- Connaître pour Tracer juste et Agir bien.
- Le Cosmos, harmonie sommitale.
- Si tu deviens Homme libre, tu seras immortel.
- La Science des Nombres.
- Transmettre l'Idée.
- Construis et tu seras.
- Justice, Equité et Vertu.
- Chercher pour accéder à la maîtrise de l'Idée.
- Avoir une vie pleine.
- La quadrature du cercle et la recherche infinie de l'inaccessible perfection.
- De la Décade à l'Univers et de la Tétraktys à l'Harmonie.
- Ne révéler les Hautes Vérités que si elles sont susceptibles d'être comprises.
- Rhoèce de Samos.
- Les Vers Dorés de l'Ecole pythagoricienne.
- La marche du Maître Egéen.
- Le bijou, ouverture de la spiritualité.
- Le nombre cinq et le pentagramme de Pythagore, porteurs de Connaissance.
- Bannir le dogme et le sectarisme.
- Du corporel au psychique et au spirituel.
- Etc.

Lorsque la Pensée, ici représentée (triangle du haut) par la Tétraktys (4 - 3 - 2 - 1), émerge de la Matière (carré du bas) (symbolisée par le carré à seize points en bas. La ligne supérieure de ce carré constitue la base de la Tétraktys. Cette ligne représente l'interface entre matière et esprit). L'Homme se transcende. Ici Pensée et Matière ne font qu'un.

L'Emergence de la Spiritualité à partir de la matière en 22 points.

La Corde à douze nœuds

La Corde à douze nœuds, polyvalence de la pensée et de l'Action de l'Etre Intelligent

Douze Nœuds pour tracer la Rectitude

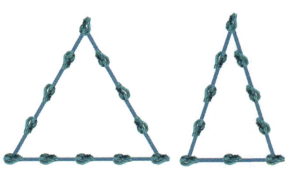

Douze Nœuds pour atteindre la Perfection

Douze Nœuds pour chercher l'Elévation

Maître Edificateur
De la Pierre levée à l'Homme pensant

La légende du grade

De l'intérieur de la terre, au fond de ses cavernes, à l'abri des rayons du Soleil, protégé par le feu qu'il vient d'apprivoiser, l'homme de par son intelligence émerge de l'animalité. Il construit depuis plus de 175 000 ans.

Conscient de sa puissance grâce au feu nouvellement maîtrisé, il a osé sortir de ses sanctuaires picturaux et se lance à la conquête de la Pierre à travers de laquelle il découvre le symbole.

Les pierres levées et les menhirs ont été parmi ses premières créations qui lui permettaient un surpassement. Ainsi naissait sa prise de conscience de création au service d'une spiritualité émergente. L'homme érigeait les pierres gigantesques car il s'élevait lui-même.

Les pierres levées brutes constituaient ses premières conquêtes. Puis rapidement, dans un esprit de perfection, il les polissait. L'homme recherchait déjà la transcendance. Il les orna, les grava, les décora. Sa spiritualité s'affinait au fur et à mesure que les Pierres qu'il vénérait se couvraient de symboles. La conquête de tous les possibles débutait.

Le raffinement se poursuivit et nos continents baignés dans une spiritualité initiatique s'enrichissaient d'obélisques finement gravés, porteurs de messages de Savoir, de Tradition, de Connaissance, de Secret et de Spiritualité.

Plus tard, l'homme prit conscience de l'importance de sa condition d'homme. Dès lors, il cisela les monolithes à son image, comme de nombreux menhirs préhistoriques humanisés ou plus tard comme les statues antiques ou les Moaï du Pacifique ou plus récemment les pierres sculptées et finement ciselées qui ornent les édifices symboliques et spiritualistes.

L'Homme gravait à jamais l'émergence et l'évolution de sa spiritualité dans les blocs levés de basalte, de granite ou de calcaire.

Dresser, élever, graver, sculpter et aligner ses œuvres minérales pour manifester l'élévation spirituelle du constructeur.

Bâtir, Construire, Créer.

Ouverture / fermeture

Il est minuit, la Lune luit

Il est six heures, le Soleil paraît

Mot de la Tradition et Mot de Passe

Ramsès

Dresser

Age

Le carré de six

Les tentures

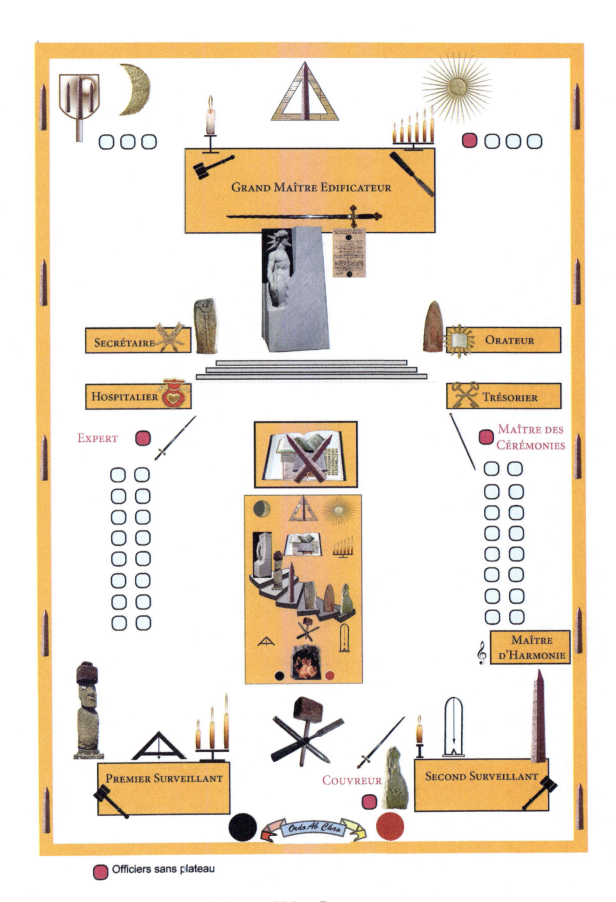

La Loge du Maître Edificateur

Ethique du Maître Edificateur

- Il comprend avant de juger et de décider.
- Il combat l'imperfection.
- Il rassemble les hommes pour Elever.
- Il est apte à accorder le pardon.
- Il développe le Chemin de la Connaissance.
- Il dresse la Pierre.
- Il crée pour se surpasser et chercher la perfection.
- Il se met à l'Œuvre et pénètre les mystères des Pierres levées.
- Il cherche l'idée au Centre de la Pierre levée.
- Il s'élève jusqu'à atteindre la plus haute spiritualité.
- Il émerge de la gangue grâce à son intelligence.
- Il conduit ses projets à terme.
- Il veille à l'enracinement des actions nobles.
- Il trouve l'équilibre, la verticalité et la stabilité.
- Il parcourt, son chemin initiatique, vers tous les horizons.
- Il extrait le bloc de Pierre de sa gangue pour le polir, le ciseler et lui donner un sens.
- Il dresse les blocs de pierre à son image.
- Il extrait du Chao pour aligner dans l'Ordo.
- Il polit à la recherche de la Perfection.
- Il cristallise le message ésotérique en mémoire initiatique.
- Il est Homme vrai.
- Il crée de nouveaux volumes pour incruster pour l'éternité des temps, la spiritualité du moment.
- Il transmet les messages, conserve et protège les secrets aux Êtres pensants.
- Il dirige son regard vers l'infini humain.
- Etc.

Quelques thèmes de réflexion

- Le monolithe support de l'Ecriture, de l'Engagement solennel et de la Mémoire.
- Sortir par la porte de la caverne protégée par le feu.
- L'élévation et son essence initiatique.
- Le bijou du grade ou la fusion du un dans le trois.
- Les nombres 6 et 36. Leur symbolisme.
- L'heure à laquelle les Hommes commencent à dresser les Pierres.
- La pierre et l'Homme dans leur verticalité.
- Travailler entre minuit et six heures.
- Connaître les mystères des Pierres Levées.
- Buriner afin de tendre vers la Perfection.
- Faire naître l'Homme en le dégageant de la gangue par le Maillet, le Burin et le Ciseau.
- Franchir la Porte Primordiale.
- Evolution et essence Initiatique.
- Ne pas oublier l'origine des choses.
- La face de la pierre, mémoire de l'Homme.
- Sortir des sanctuaires picturaux pour dresser vers la Lumière les Pierres monolithiques.
- Les Pierres Levées constituent les premiers surpassements de l'Homme.
- Prendre conscience de création pour faire émerger la spiritualité.
- L'homme érige les pierres gigantesques en espérant devenir, lui-même, par analogie, gigantesque.
- Le Savoir, la Tradition, la Connaissance, le Secret et la Spiritualité ciselés par l'Homme dans la Pierre.
- Graver à jamais l'émergence et l'évolution de sa spiritualité.
- Dresser, élever, graver sculpter et aligner les monolithes, témoignage de son élévation spirituelle.
- Les sommets de l'esprit.
- Comprendre l'évolution de la pensée pour agir avec discernement.
- Etc.

Le Tableau de Loge du Maître Edificateur

6
- marches d'escalier
- étoiles du chandelier
- pas
- coups de la batterie
- heures
- fois six en hauteur
- de côté
- pressions sur la main
- voyages

Le Tablier du Maître Edificateur

Le Sautoir du Maître Edificateur

Le bijou

Une base carrée de 6 par 6

Une hauteur de 36

L'Homme de Sosno

Emergence du monolithe.
L'Homme se construit lui-même

Il est Maître Edificateur

Maître Stonehenge

CONNAÎTRE LA LUMIÈRE

La légende du grade

Depuis que l'Intelligence a pris place dans la pensée de l'homme et que l'Amour des anciens a rempli son cœur, l'homme pensant honore et glorifie ceux de son clan et de sa tribu qui lui ont montré le chemin. Il associe les pierres dressées, comme une affirmation de lui-même engendrant sa prise de conscience.

Leurs dépouilles mortelles ont fait depuis lors l'objet de toutes les attentions et de tous les respects.

Après avoir placé les corps dans une tombe creusée dans le sol, les constructeurs ont érigé à côté de ces dépouilles des monolithes, puis dans un esprit de protection ont bâtit ensuite des dolmens qu'ils ont surmontés d'un tumulus. Les défunts étaient ainsi regroupés et le microcosme était relié au macrocosme.

Les hommes imprégnaient de spiritualité leurs constructions devenues temples, et construisaient des cromlechs, comme celui de Stonehenge qui reliait le défunt à la lumière solaire du solstice. Ces hommes de la nature observaient les cycles de la vie et en extrayaient la spiritualité en reliant la Terre au Cosmos. Dès lors, ils avaient acquis le pouvoir du Savoir et de la Connaissance.

Ces constructions symbolisent les savoirs et connaissances, archétypes de l'humanité. La spiritualité prenait forme dans la pensée de l'homme, transformait ce type de Temple en un véritable parcours initiatique et se dégageait du banal en reliant le bas et le haut.

Ce degré se nomme " M∴ Ston∴ ".

Le bijou

Les M∴ Ston∴, intègrent à leurs constructions matérielle et spirituelle une dimension supplémentaire : celle de la Lumière. L'Universel appartenait, à partir de ce moment là, à l'homme pensant qui cherche sans cesse l'Idée sous le Symbole.

LE TABLIER DU MAÎTRE STONEHENGE

Ouverture / fermeture
Au premier cercle
Au sixième cercle

Mot de la Tradition et Mot de Passe
Aubrey
Solstice

Age
Six ans plus deux

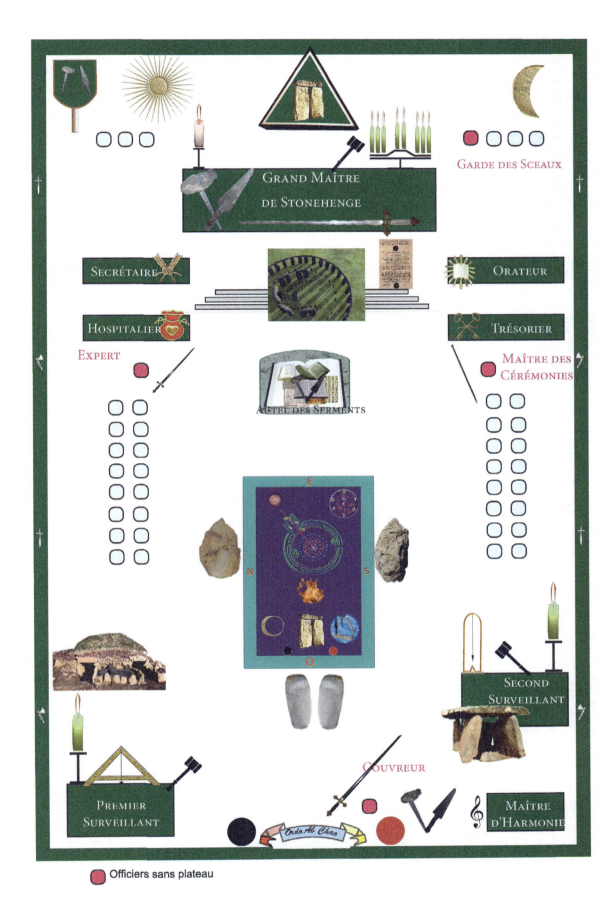

La Loge du Maître Stonehenge

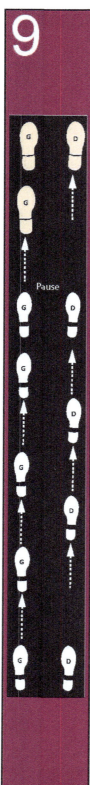

Ethique du Maître Stonehenge

Le Maître Stonehenge connaît les lois fondamentales du Cosmos.

- Il veille à la conduite des actions.
- Il rend la justice stricte et impartiale à tous ses ouvriers.
- Il juge avec sérénité, grâce à ses connaissances.
- Il assume avec zèle les fonctions qui lui sont confiées.
- Il ne divulgue pas les mystères qu'il a percés.
- Il progresse avec méthode.
- Il relie l'homme du passé à l'homme du présent par la Lumière.
- Il est reconnu pour ses qualités.
- Il s'affirme dans chacune de ses constructions.
- Il cherche le sens caché de choses et des idées.
- Il construit pour rassembler les hommes.
- Il sert de point d'ancrage.
- Il ajoute une dimension supplémentaire à l'homme : la Lumière.
- Il recherche la perfection dans l'union.
- Il possède le pouvoir du Savoir et de la Connaissance
- Etc.

Quelques thèmes de réflexion

- Elaborer les plans nécessaires à la Construction du Temple.
- La rectitude garantit les devoirs et règle les différends.
- Six cercles et deux demi-ellipses.
- La sphère céleste et le rai solsticial.
- Le poignard qui protège les ouvriers.
- Six et deux.
- Les sept pierres fondamentales du Temple.
- Parsemé de haches et de poignards.
- L'Heure du premier Cercle.
- Unir l'Horizontalité et la Verticalité.
- L'intemporalité des choses et des pensées.
- Faire de l'Idée une légende universaliste.
- Tout est dans le périmètre, tout est dans l'Unité.
- Construire l'édifice matériel et l'imprégner de spiritualité.
- Le voile de l'oubli efface l'individu mais transcende la mémoire humaine collective.
- Le premier rayon du Soleil le jour du solstice.
- Trois pierres dressées avant de franchir deux colonnes et d'entrer dans le Temple.
- Cinquante-six fosses tombales et un bûcher funéraire.
- Du global vers la précision, de l'Extérieur vers l'Intérieur.
- La Pierre Autel, Centre de l'Idée.
- Unifier l'incommensurable par de simples tenons et mortaises.
- Etc.

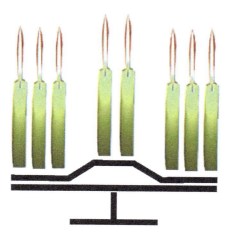

Le Tableau de Loge du Maître Stonehenge

9 Le Maître Stonehenge,

Percevoir la Lumière

Le tumulus

Construire pour rassembler les hommes de toutes générations autour de points d'ancrage

et conserver la trace des anciens sans que le voile de l'oubli n'efface le souvenir.

La Pierre Talon

De Stonehenge vers le soleil solsticial

Les Deux Colonnes de Stonehenge

Pour permettre l'entrée du Temple de Stonehenge.

Le Dolmen

Construire pour s'extraire de l'ordinaire et entrer dans l'Eternel et l'Universel.

Bâtir pour unir la verticalité et l'horizontalité.

La Pierre de la Justice de Stonehenge

Construire avec justesse et Justice.

La Pierre d'Autel de Stonehenge

La polir pour recevoir le premier rayon du Soleil le jour du Solstice.

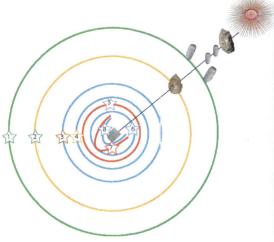 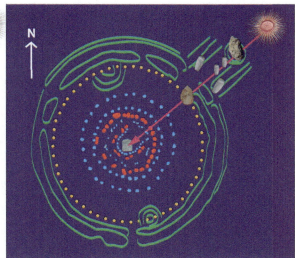

1 : enceinte circulaire de Stonehenge (fossés, talus)
2 : cercle de 56 trous
3 : cercle de 30 trous
4 : second cercle de 30 trous
5 : cercle de pierres " Sarsen " levées et reliées entre elles
6 : cercle de pierres bleues

7 : demi ellipse composée de pierres " Sarsen "
8 : demi ellipse de pierres bleues
A : Autel
S : pierre de Justice
T : pierre talon " Heel Stone "

CONSTRUIRE

pour chercher la Lumière symbolique à travers un Temple matériel, à image de l'Homme.

CONSTRUIRE

Pour unir les individualités

CONSTRUIRE

Pour assembler la diversité au sein du Cercle

Maître Saqqarah
Créer dans l'espace pyramidal

La légende du grade

Depuis des millénaires les hommes ont édifié des constructions pyramidales soit en l'honneur de notables afin de leur assurer l'Eternité, soit pour vénérer des divinités.
Toutes les grandes civilisations mondiales ont élevé de tels édifices, souvent gigantesques mais toujours ésotériques perpétuellement empreints de mystère.

Les Francs-Maçons d'aujourd'hui ne construisent plus les pyramides matérielles. Ils les virtualisent afin de proposer aux hommes une éthique basée sur leurs secrets de constructeurs imprégnés de hautes valeurs morales.

Les pyramides virtuelles des Francs-Maçons renferment des secrets non communicables qui élèvent l'esprit vers la Connaissance. Seule la voie initiatique permet un approfondissement de ces concepts.

Savoir construire sa Pyramide Idéale.

Tentures

Le Tablier et le Sautoir

Le Bijou

Age
Des millénaires

Ouverture / fermeture
A l'aube de l'Humanité
A la fin des temps

Mot de la Tradition et Mot de Passe
Imhotep
Perpétuer

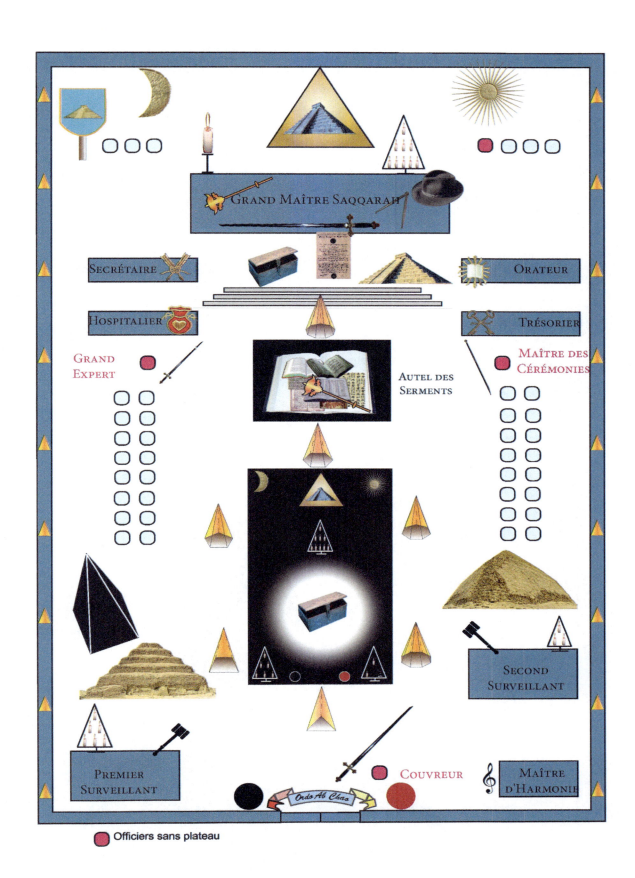

La loge du Maître Saqqarah

Ethique du Maître Saqqarah

Le Maître Saqqarah est homme de perfection, de vertu et de transcendance.

- Il s'élève vers la Lumière par la connaissance, pour la Connaissance.

- Il recherche l'Idée dans le Cosmos.

- Il virtualise.

- Il construit son éthique à partir de hautes valeurs morales.

- Il approfondit les concepts par la Voie Initiatique.

- Il s'approche asymptotiquement de la Haute Spiritualité.

- Il trace ses plans pour se projeter vers le haut.

- Il s'élève par degrés successifs.

- Il construit et se construit pour les générations futures.

- Il termine son Œuvre en l'élevant.

- Etc.

Quelques thèmes de réflexion

- Neuf coups réguliers.
- Découvrir le contenu du Coffre des Secrets.
- Tendu de bleu et parsemé de pyramides.
- A l'aube de l'Humanité.
- A la fin des temps.
- Construire la pyramide à escalier.
- Eriger la pyramide rhomboïdale.
- Le symbolisme du bijou du grade.
- Les pyramides réelles et virtuelles.
- Construire sa pyramide idéale.
- Une gradation vers le Savoir et la Connaissance.
- Progresser par la relecture de ses fondements.
- La pyramide rhomboïdale ou savoir modifier ses plans.
- Les sept pyramides virtuelles.
- Les quatre faces de la Pyramide Noire.
- Tracer le triangle et le rectangle d'Or.
- Etc.

Tout est si différent

Tout est tellement semblable

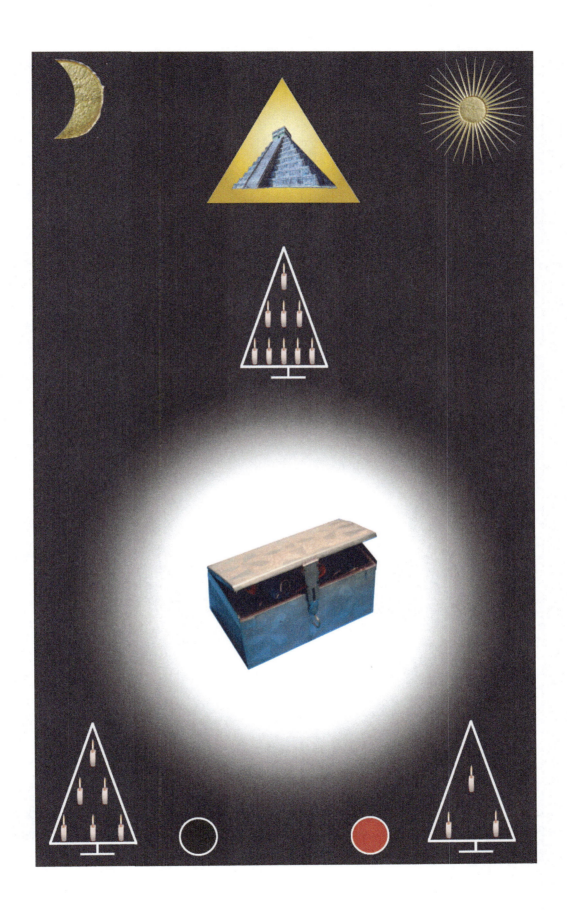

Le tableau de loge du Maître Saqqarah

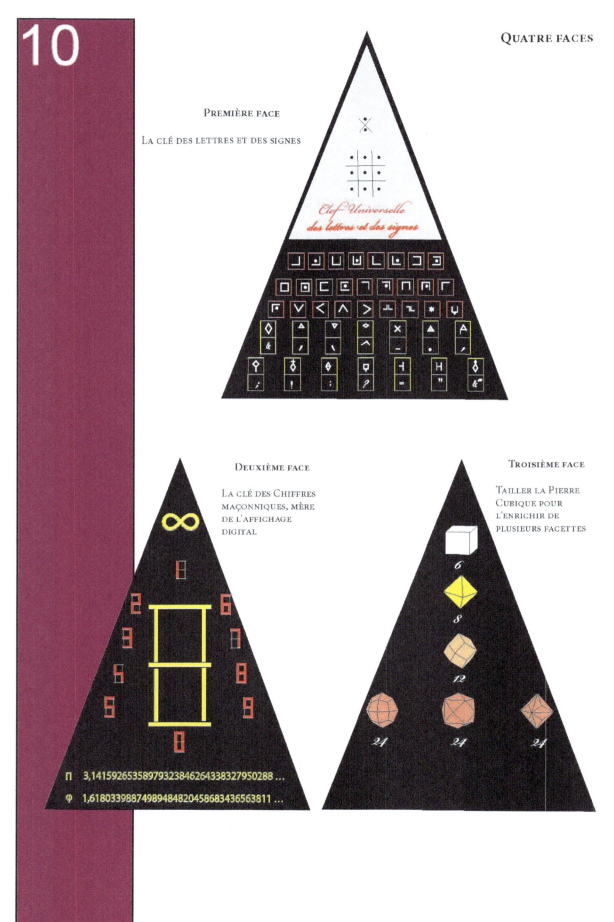

DE LA PYRAMIDE NOIRE

Quatrième face

TRENTE-TROIS ESPACES DE CRÉATION POUR ÉLEVER L'HOMME VERS LE SOMMET

Maître Architecte

TRACER LE PLAN

La légende du grade

Dans les temps anciens, une Ecole d'Architecture associant haute spécificité et haute valeur morale fut créée afin d'instruire, encourager et parfaire les bâtisseurs, les constructeurs et les créateurs dans le domaine de l'Art Royal.

Cette Ecole n'admettait en son sein, que ceux, qui par leur zèle et leur discrétion réalisaient leurs œuvres avec la plus haute perfection en utilisant les outils contenus dans un étui de mathématiques et en s'appuyant sur le savoir architectural des constructeurs.

Le onzième degré " *MAÎTRE ARCHITECTE* " est consacré à cette légende.

Les Maîtres Architectes de par leur recherche perpétuelle de perfection s'approchent asymptotiquement du domaine de la haute spiritualité.

Le Maître Architecte sait tracer droites et courbes afin de se projeter vers l'avenir. Il est apte à concevoir les plans pour réaliser l'Œuvre. L'Œuvre de la Vie d'un Homme Vrai.

Il prépare la suite de son chemin de Connaissance.

Le bijou

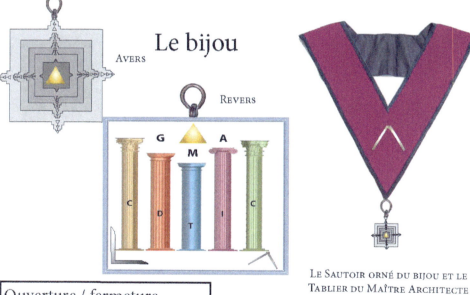

LE SAUTOIR ORNÉ DU BIJOU ET LE TABLIER DU MAÎTRE ARCHITECTE

LES TENTURES

Ouverture / fermeture
L'Etoile du matin paraît
L'Etoile du soir paraît

Mot de la Tradition et Mot de Passe
Grand Maître Architecte

Bâtir

Age
Le carré de deux

La Loge du Maître Architecte

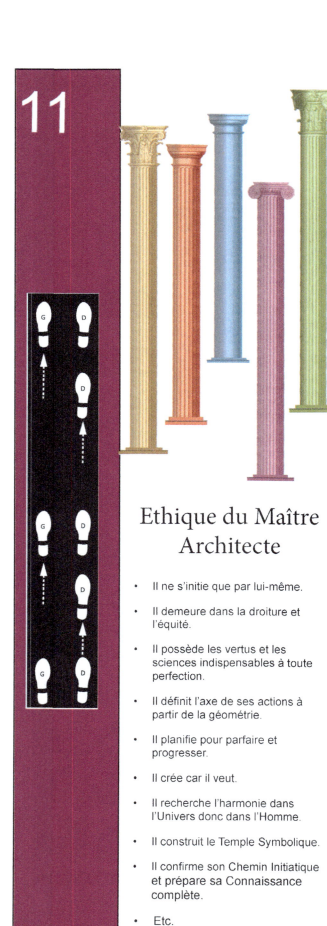

Sciences du Maître Architecte dans toutes ses dimensions

- Architecture.
- Arithmétique.
- Catoptrique.
- Chronologie.
- Dessin.
- Dioptrique.
- Géographie.
- Géométrie.
- Hydraulique.
- Mécanique.
- Orfèvrerie.
- Métrologie.
- Musique.
- Optique.
- Perspective.
- Physique.
- Tactique.
- Taille des pierres.
- Taille du bois.
- Trigonométrie.

Quelques thèmes de réflexion

- De l'étui de mathématiques à la réalisation du Temple temporel et du Temple Spirituel.
- L'équerre, le compas simple, le compas à quatre pointes, le compas de proportion, l'aplomb, la règle et le demi-cercle.
- Tendu de rouge et parsemé d'instruments de mathématiques.
- De l'Etoile du matin à l'Etoile du soir.
- Construire le Temple, symbole de l'Univers.
- Planifier et persévérer dans son Etre.
- Passer de l'Indifférencié à la Forme.
- La Vertu comme point d'attache.
- Construire avec Intelligence.
- Chercher, imaginer, concrétiser, rayonner.
- Une Ecole d'Architecture de Haute Valeur Morale.
- Tendre vers la perfection et la haute spiritualité.
- Revisiter le chemin du perfectionnement.
- Parfaire la surface pour enrichir le fond.
- Assembler pour concrétiser le Plan.
- Au Centre de l'Inconnaissable.
- Etc.

Ethique du Maître Architecte

- Il ne s'initie que par lui-même.
- Il demeure dans la droiture et l'équité.
- Il possède les vertus et les sciences indispensables à toute perfection.
- Il définit l'axe de ses actions à partir de la géométrie.
- Il planifie pour parfaire et progresser.
- Il crée car il veut.
- Il recherche l'harmonie dans l'Univers donc dans l'Homme.
- Il construit le Temple Symbolique.
- Il confirme son Chemin Initiatique et prépare sa Connaissance complète.
- Etc.

Le Tableau de Loge du Maître Architecte

Le Maître Architecte,
Le Centre, les centres et l'Infini

Centre de Symétrie

« ce qui est en haut est comme ce qui est en bas ». Le centre de symétrie se retrouve dans toutes les figures de symétrie paire. Ici, centre de symétrie et centre de gravité sont confondus

Centre de Gravité

Ici, « Ce qui est en haut diffère de ce qui est en bas »

proportion 2

proportion 3

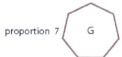

proportion 4

proportion 5

proportion 6

proportion 7

proportion 8

proportion 9

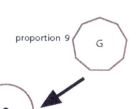

proportion 10

proportion infinie

Quel que soit le polygone régulier (pair ou impair), lorsque le nombre de côtés tend vers l'infini, la figure tend vers un cercle qui est " l'aboutissement de tout". Les deux types de centre **S** et **G** se confondent alors et deviennent " un". A l'infini, puisque tout tend vers le " cercle ", la pensée d'*HERMES TRISMEGISTE* revêt tout son sens :

" Ce qui est en haut est comme ce qui est en bas " .

Le centre du cercle rassemble, pendant que son enveloppe (la circonférence) efface les discontinuités.

Le Cercle est le fondement de la pensée de l'Homme.

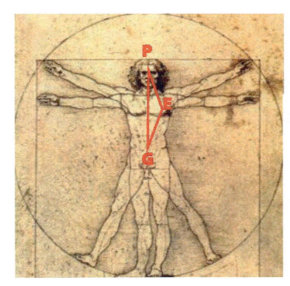

L'Homme est morphologiquement asymétrique. Il ne possède donc pas le centre de symétrie S.

En revanche il possède symboliquement trois centres fondamentaux qui forment un triangle isocèle.

        P : centre de la pensée, de l'intuition, de la spiritualité, de l'intelligence

        E : centre de l'émotion et de la maîtrise de soi

        G : centre de gravité du corps, symbole de la matière

Dans l'Homme Parfait de *Léonard de Vinci*, le sommet E (du triangle isocèle EGP), qui symbolise l'Emotion se situe à égale distance de la Matérialité (point G) et de la Pensée (point P).

Sur cette figure sont reportés les trois portes et les trois outils ayant causé la mort du Maître. Comment le Maître Architecte relie-t-il la Pensée au Maillet, l'Emotion au Fil à plomb et la Gravité au Niveau ?

Que peut-on en conclure ?

11

L'Homme au Centre du Cercle

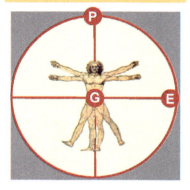

L'Homme au centre de symétrie du cercle. Ici les points focaux F_1 et F_2, présents dans l'ellipse et l'hyperbole se confondent avec le centre du cercle G et de l'Homme parfait qui représente

" le Tout ".

- La verticale exprime la pensée, la spiritualité
- L'horizontale, indique l'émotion

L'Homme au Centre de l'Ellipse

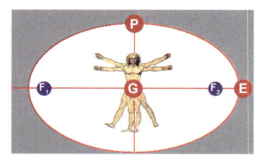

L'Homme se situe au centre de symétrie de l'ellipse. Les deux points focaux de l'ellipse F_1 et F_2 représentent l'équilibre dans sa construction spirituelle.

- P représente la pensée, la spiritualité
- E constitue l'émotion
- G centre de gravité de l'Homme

L'Homme au Centre de l'Hyperbole

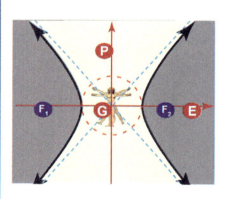

L'Homme placé au centre de symétrie de l'hyperbole se situe à la croisée de deux infinis, l'un paramétré par la pensée P et l'autre par l'émotion E. Les foyers F_1 et F_2 de l'hyperbole représentent la spiritualité.

L'homme réel évolue dans le champ (en jaune sur la figure) situé entre les branches de l'hyperbole qui définissent un domaine infini, sans limite contrairement au cercle et à l'ellipse.

La partie grise externe à cette région représente un autre domaine de l'infini et pourrait concerner la spiritualité de l'homme.

Où se situe l'homme ?

Que symbolise l'extérieur du cercle, de l'ellipse ou de l'hyperbole (partie grisée sur les figures) ? L'Imaginaire, l'Irréel, la Spiritualité, le domaine de la Métaphysique, le Tout, le Néant ?

L'homme et sa pensée :
    sont-ils au centre de quelque chose ?
    sont-ils le centre de quelque chose ?

L'initiation place-t-elle l'Homme au centre ? Au centre de soi ? Au centre de qui ? Au centre de quoi ?

La Boite des Outils de Mesures

Bâtisseur de Khéops
DE LA PERFECTION AU SECRET

La légende du grade

Après avoir maîtrisé les outils des constructeurs permettant de tracer les plans, le bâtisseur découvre les constructions mythiques des hommes (4ème, 5ème et 6ème degrés). Accompagné par les Grands Penseurs (7ème degré), le Franc-Maçon a conforté sa spiritualité dans les trois dimensions de l'espace (8ème, 9ème, 10ème degrés). En enrichissant sa Connaissance, il connaît le " Beau " (11ème degré).

A partir de ce concept de la Vie et de la Pensée, il rencontre " le Grand ". L'interpénétration du Beau et du Grand prend toute son ampleur dans sept constructions merveilleuses de l'Humanité : la Pyramide de KHÉOPS, les Jardins Suspendus de Babylone, l'Artémision d'Éphèse, la Statue Chryséléphantine de ZEUS, le Mausolée d'Halicarnasse, le Colosse de Rhodes et le Phare d'Alexandrie. Comment la spiritualité du Franc-Maçon entre-t-elle en résonance avec l'édification de ces sept gigantesques et merveilleuses constructions ?

Le premier de ces nouveaux degrés se réfère à la Pyramide de KHÉOPS. Il pourrait s'intituler

" de la Perfection au Secret ".

Pharaon, homme mortel déifié par les siens, vient de s'éteindre sur les rives du fleuve-dieu, le Nil, accompagné par les derniers rayons du Soleil qui s'évanouissent à l'horizon. Il quitte le monde matériel fugace des vivants pour espérer entrer dans un monde éternel immatériel. Croyant en l'immortalité de l'âme, son peuple l'accompagne pour effectuer son ultime initiation à la recherche de l'Orient Eternel qu'il côtoiera au sein de sa chambre royale reposant dans son riche sarcophage, croit-il, pour l'Eternité.

Pour féconder cette ultime perspective, ses architectes pétris dans le génie de la démesure, bâtirent une grandiose pyramide, révélatrice de la Perfection architecturale du moment et qui intègre la maîtrise de la Géométrie et des lois de l'Astronomie pour accueillir son corps. Cette construction s'intègre au Cosmos. Sa grandeur témoigne de la vénération du peuple pour KHÉOPS. La chambre Sacrée et Secrète attend la dépouille pour l'Eternité des Temps.

La mort physique du Pharaon s'accompagne du cérémonial de la momification afin de purifier son enveloppe charnelle destinée à recevoir, pour la Durée du Temps, l'âme qui l'avait momentanément quitté. Placé sur la barque sacrée, il quitte alors le monde des vivants et franchit le fleuve-dieu passant de la rive est, domaine des vivants et de l'action, à la rive ouest, univers des morts et de l'immatériel. SAVOIR PASSER de la rive du matériel à la rive de l'immatériel pour connaître l'Eternité ! Conduit le long d'un plan incliné, Khéops entame son ultime ascension vers le cœur de la pyramide, son éternelle demeure dans laquelle il espère accéder à une vie spirituelle absolue. Du fond de son sarcophage pourra-t-il transmuter les nourritures terrestres qui l'accompagnent en nourritures spirituelles ?

Pour conserver le Secret, les architectes ont dissimulé dans la structure de la pyramide plusieurs conduits dont le principal mène à la chambre funéraire du Pharaon destinée à recevoir son sarcophage. De lourdes pierres hexaédriques sont déplacées pour obstruer à jamais la chambre funéraire devenue Sacrée. D'autres chambres secrètes sont-elles à découvrir ? Maintenant et ici, " TOUT EST SECRET " : le Sarcophage et son contenu, les Trésors, les Nourritures, la Momie, la Connaissance, etc. Le voile de la mort couvre, dans l'Orient Eternel le Secret de KHÉOPS comme il occulte le secret des hommes.

La Mort est l'ultime Rite de Passage.

Mot de la Tradition et Mot de Passe
Khéops
Espérer et entreprendre

Age
L'Infini et plus

Ouverture / fermeture
La Rive de la Vie
La Rive de l'Eternité

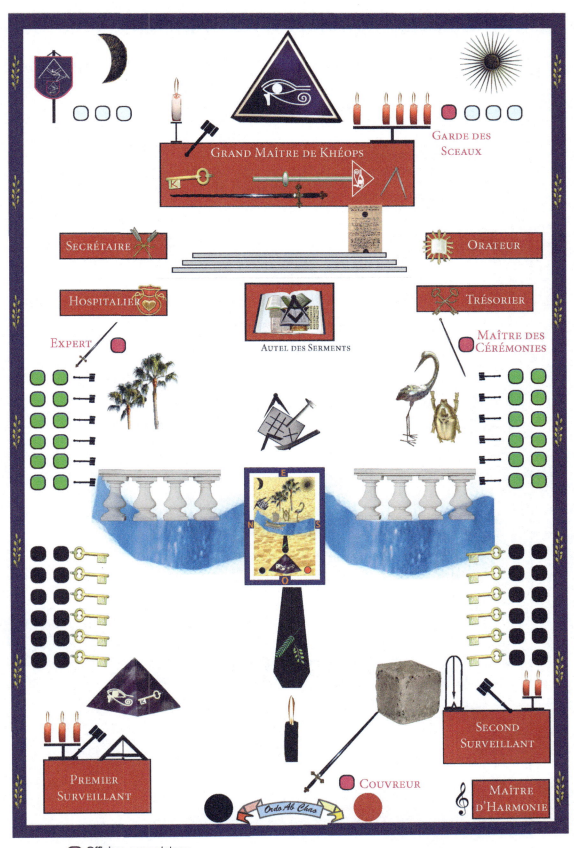

La Loge du Bâtisseur de Khéops

Du 12ème au 18ème degré, le Soleil noir et la Lune noire symbolisent la Destruction

12

Ethique du Bâtisseur de Khéops

- Il construit pour l'Après.
- Il désire connaître la Vérité du Monde.
- Il se dépouille des préjugés, de l'erreur et du mensonge pour ne conserver que l'essentiel de la Vie.
- Il passe de la Lumière du Soleil à l'Obscurité Eternelle.
- Il sait que toute lumière génère une ombre.
- Il rayonne et éclaire ses pensées.
- Il connaît la brillance de la Vérité.
- Il ne vénère pas le Soleil, il le contemple.
- Il observe pour comprendre les mystères.
- Il connaît le triomphe cyclique de la Lumière et de l'Ombre.
- Il utilise sa vie éphémère pour construire.
- Il meurt et renaît comme le Soleil matinal.
- Il connaît la Relativité et l'Absolu du Temps.
- Il sait passer du Matériel à l'Immatériel.
- Il achève un cycle pour atteindre la plénitude.
- Etc.

Quelques thèmes de réflexion

- Tout est Secret.
- Le Centre de l'Eternité.
- Traverser le fleuve mythique.
- Savoir vivre, Savoir passer, Savoir mourir.
- Rien n'est à cacher, Tout est à Comprendre.
- De la Lumière au Centre des Ténèbres.
- Construire à Ghizeh ou à Chichen.
- Rechercher l'Eternité.
- La rive de la Vie, la rive de la Mort.
- Le Beau, le Grand, la Perfection.
- L'Eternité du Temps.
- Du Matériel à l'Immatériel.
- Le monde fugace des vivants.
- L'ultime Initiation.
- Du Sacré au Secret.
- Purifier l'enveloppe charnelle.
- Le Génie de la démesure.
- L'œil Oujdat - Horus.
- Passer de la Vie terrestre à une vie Eternelle.
- Etc.

LA MARCHE DU BÂTISSEUR DE KHÉOPS

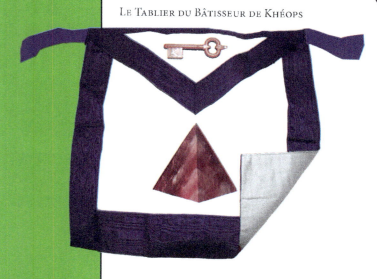

LE TABLIER DU BÂTISSEUR DE KHÉOPS

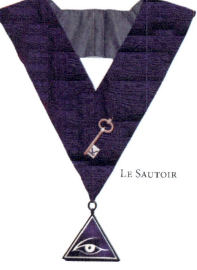

LE SAUTOIR

Le Tableau de Loge du Bâtisseur de Khéops

Bâtisseur de Babylone

Au dessus des Arches

La légende du grade

SÉMIRAMIS naquit de l'union hétérogène d'un mortel, CAŸSTROS et d'une déesse mi femme, mi poisson DERCETO de la région d'Ascalon qui, honteuse de cet hymen, l'abandonna dès sa naissance. SÉMIRAMIS fut sauvée et nourrie par des colombes durant un an avant d'être recueillie par de simples bergers.

Sa beauté attira MÉMONÈS, gouverneur de Syrie, qui en fit son épouse. Mais au cours d'une expédition militaire en Asie centrale, le roi NINUS, fut ébloui par la beauté de SÉMIRAMIS qui accompagnait son époux MÉMONÈS. Le roi NINUS demanda à ce dernier de lui céder son épouse, ce qu'il refusa poliment. Peu de temps après MÉMONÈS, menacé d'avoir les yeux crevés préféra mettre fin à ses jours par pendaison, plutôt que de devoir céder SÉMIRAMIS à NINUS.

Mûe par l'ambition, SÉMIRAMIS accepta le mariage avec NINUS, qui décéda prématurément, mort dont elle ne serait pas étrangère.

Devenue veuve et Maître du monde, SÉMIRAMIS entrepris la construction d'une capitale nouvelle : Babylone avec ses murailles, ses portes, ses Jardins Suspendus et ses ambitions.

** ***

Une deuxième légende relative à la création des somptueux Jardins Suspendus repose sur l'épopée de NABUCHODONOSOR II.

NABUCHODONOSOR II ayant épousé AMYTIS, une princesse persane, nostalgique des vertes collines de son pays, décida de construire dans Babylone, à sa seule intention, un véritable havre de verdure édénique : des Jardins Suspendus. Ceux-ci, uniques au monde, dominent l'immense territoire désertique qui entoure la ville.

Ainsi, AMYTIS, depuis ce havre de sérénité verdoyant pouvait méditer aux choses essentielles de la Vie. Elle y découvrit les préceptes de la Connaissance, gravés sur un triangle d'or enfoui au pied d'une arche.

Amytis cacha ensuite au sein des Jardins Suspendus ce bijou afin que seuls les véritables initiés puissent s'en accaparer.

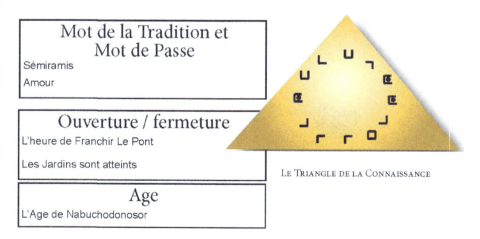

Le Triangle de la Connaissance

Mot de la Tradition et Mot de Passe
Sémiramis
Amour

Ouverture / fermeture
L'heure de Franchir Le Pont
Les Jardins sont atteints

Age
L'Age de Nabuchodonosor

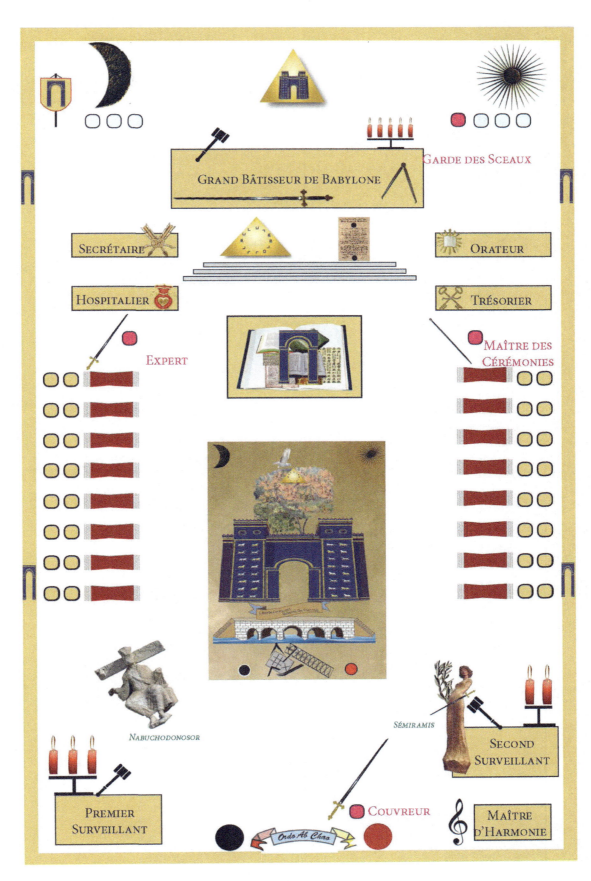

La Loge du Bâtisseur de Babylone

13

Ethique du Bâtisseur de Babylone

- Il porte toujours plus haut la Lumière et le Travail.
- Il recherche l'ultime perfection dans ses créations.
- Il recherche à accéder à la connaissance de l'Univers à travers les lois de la Nature.
- Il trace des arches pour s'élever.
- Il imagine son Jardin Suspendu.
- Il découvre le Triangle de la Connaissance.
- Il bâtit sa Babylone.
- Il applique les préceptes de la Connaissance.
- il sait refuser pour garder l'honneur.
- Il connaît les choses essentielles de la Vie.
- Il franchit les portes de Babylone.
- Il atteint le plus profond de lui-même.
- Il construit les grandes Cités du Monde.
- Il imagine et crée ses Jardins.
- Il rassemble les deux parties des Cités.
- Il refuse de sombrer dans l'oubli et de s'effacer des mémoires.
- Etc.

Les tentures

L'Epitoge

Quelques thèmes de réflexion

- Je suis le créateur de Babylone.
- L'Euphrate et ses puissances.
- Son nom est Sémiramis, Ton nom est Nabuchodonosor.
- L'âge de Nabuchodonosor.
- La Vertu unit ce que la mort ne peut séparer.
- Regarder sans crainte le Triangle de la Connaissance.
- Deux plus trois.
- Les Jardins sous la Voûte Etoilée.
- La Science Secrète des initiés.
- Dix étoiles éclairent le Temple.
- Un triangle d'or avec la Porte d'Ishtar.
- Le Tableau de Loge.
- Liberté De Passer, Volonté De Franchir.
- Gloire et Amour.
- Les conquêtes de la Beauté.
- L'ambition du Bâtisseur.
- L'homme allait vers l'eau, L'Eau vient à l'Homme.
- L'intelligence de l'Homme : de la technique des constructeurs au rêve de l'Humanité.
- Une Colombe et un Jardin Suspendu.
- Les Choses essentielles de la Vie.
- Etc.

Tablier et Sautoir du Bâtisseur de Babylone

Tableau de Loge du Bâtisseur de Babylone

13

Construit-on un homme comme on construit une ville ?

Protection, Ouverture vers les autres, beauté relative et intrinsèque, alliance avec la Nature, échanges, sauvegarde, transmission, etc.

Sémiramis

La Beauté et la Paix de l'Olivier

Que représente la Bauté pour l'Esprit ?

Peut-elle être un vecteur de Paix pour les homme, pour soi-même ?

La Beauté est-s elle un sentiment inné ou acquis ?

L'homme peut-il s'épanouir sans beauté ?

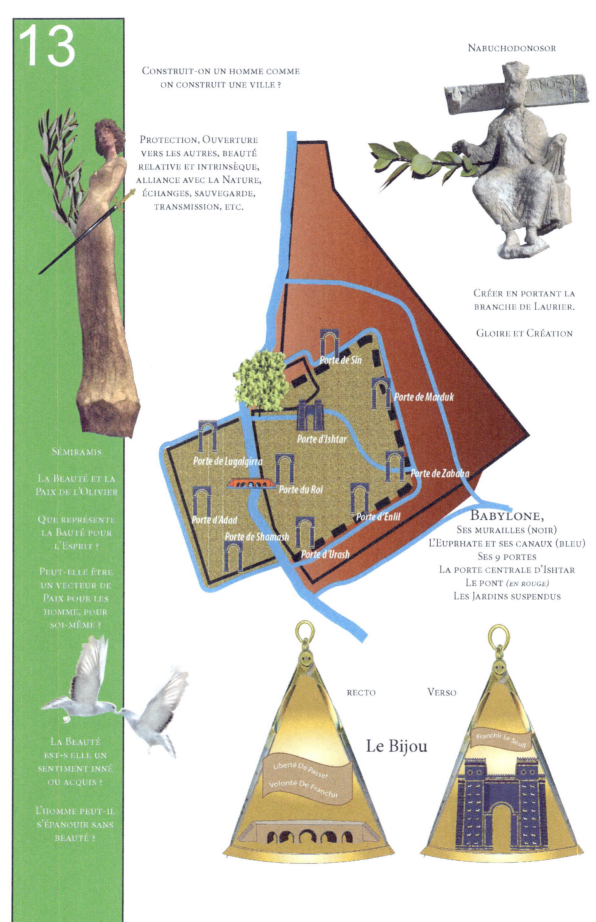

Nabuchodonosor

Créer en portant la branche de Laurier.

Gloire et Création

Babylone,
Ses murailles (noir)
L'Euprhate et ses canaux (bleu)
Ses 9 portes
La porte centrale d'Ishtar
Le pont *(en rouge)*
Les Jardins suspendus

Le Bijou

Recto — Liberté De Passer, Volonté De Franchir

Verso — Franchir Le Seuil

Les Jardins Suspendus de Babylone,

la Colombe porteuse du triangle de la Connaissance

Bâtisseur d'Ephèse
CONSTRUIRE ET RECONSTRUIRE

La légende du grade

La cité d'Ephèse aurait été induite par une Amazone d'origine divine nommée SMYRNA. Utilisant les outils de conquête, arc, carquois, flèches et javelot, elle choisit de s'installer dans une région nommée Ionnie du nom du héros mythique ION. La ville fut bâtie par ANDROCLOS, chef ionien, sur un site côtier prédéterminé par un oracle annonçant la rencontre d'un sanglier et d'un poisson. Les hommes commencèrent à converger vers Ephèse. Un premier Temple fut érigé mais partiellement détruit par les Cimmériens. Plus tard, les ruines furent réhabilitées et embellies par CRÉSUS, roi de Lydie. Il fit construire, sur les plans des architectes THÉODOROS DE SAMOS, CHERSIPHRON et MÉTAGÉNÈS, la troisième phase du Temple d'Ephèse. Ce monument rectangulaire de 115 m de long sur 55 de côté et probablement de 30 m de haut était soutenu par 127 imposantes colonnes ioniennes monolithiques constituées de marbre. Ces gigantesques colonnes de 19 m de hauteur et de 1,70 m de diamètre étaient transportées grâce à de nouveaux systèmes ingénieux de traction utilisant la roue. Le marbre pur provenait d'une carrière des environs découverte par un berger dénommé PIXODOROS. Le Temple décoré par SCOPAS, PRAXITÈLE et autres architectes comportait de riches colonnes sculptées. Des dalles de marbre blanc constituaient la toiture.

Le Temple sacré d'Ephèse élevé au centre d'un péribole était dédié à " ARTÉMIS ", déesse de la chasse, de la nature, de la fécondité et de la création.

Le Temple, nommé " Artémision ", fut achevé mais détruit par le feu, la nuit de la naissance d'ALEXANDRE LE GRAND par un illuminé, EROSTRATE qui voulait, à travers cet acte insensé ainsi immortaliser son nom. Plus tard l'empereur NÉRON dépouilla le Temple de ses trésors suivi dans cette funeste destruction par les Goths. Certains avancent avec pertinence l'hypothèse que l'Edit de Thésalonique promulgué en l'an 380 par l'empereur romain THÉODOSE ordonnait l'extinction des cultes païens et de leurs symboles ce qui incita les vandales à démolir une nouvelle fois le Temple d'Artémis. De nombreuses colonnes furent descellées, transportées à Constantinople et intégrées aux basiliques de St JEAN et Ste SOPHIE. Bien involontairement, Ephèse, suite au démembrement de l'Artémision, ensemençait l'Occident et l'Orient. Le vénéré Temple sacré d'Ephèse se réduisait alors en un amoncellement chaotique de pierres désunies. Il sombra dans l'oubli.

Quelques rares fragments du Temple d'Artémis furent exhumés du marécage en 1869. Une squelettique colonne reconstituée marque aujourd'hui l'emplacement de cette Merveille du Monde construite par les hommes et détruite par les hommes. Tout est symbole.

La légende de l'Artémision d'Ephèse remémore sans cesse le fait que certains hommes construisent alors que d'autres détruisent les symboles matériels et spirituels, croyant ainsi effacer le passé.

LES TENTURES

Ouverture / fermeture
L'heure à laquelle Smyrna décida de bâtir

L'heure de la Colonne reconstituée

Mot de la Tradition et Mot de Passe
Crésus

Exigence - Persévérance

Age
Cent vingt-sept ans

Le bijou

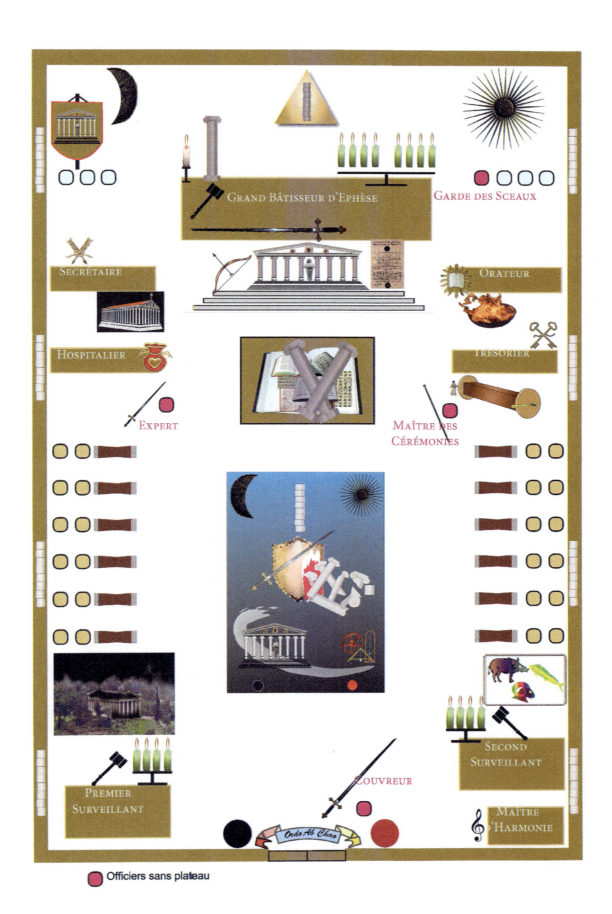

La Loge du Bâtisseur d'Éphèse

14 — Ethique du Bâtisseur d'Ephèse

Le Bâtisseur d'Ephèse est Homme de persévérance, d'abnégation et de spiritualité.

- Il construit des Temples pour la Beauté, la Nature et la Spiritualité.
- Il est Maçon Libre et sans entraves.
- Il enrichit les autres de ses idées.
- Il élève l'Homme par son esprit et son intelligence.
- Il construit son Temple intérieur et son Edifice sacré.
- Il connaît la rivière Pactole.
- Il décide.
- Il recherche les compétences.
- Il relie l'Orient et l'Occident.
- Il construit avec prévoyance.
- Il valorise ses trouvailles.
- Il crée de nouveaux outils pour construire et se construire.
- Il tient la Tradition en honneur.
- Il ordonne le renouveau.
- Il méprise les destructeurs, s'en méfie mais ne les ignore jamais.
- Il grave la beauté dans son esprit.
- Il veille à la qualité de ses fondations et de ses fondements.
- Etc.

COLONNE IONIQUE

COLONNE RECONSTITUÉE

Quelques thèmes de réflexion

- Pourquoi l'Artémision ?
- Le Tableau de Loge du Bâtisseur d'Ephèse.
- Rencontre fortuite et Création.
- La Colonne reconstituée dans un triangle d'or.
- Rôle initiatique et puissance symbolique du 14ème grade.
- Cent vingt-sept colonnes.
- Artémis, son culte et ses messages aux hommes.
- L'ignorance des destructeurs.
- L'Art et la Connaissance des constructeurs.
- Des siècles pour construire, une nuit pour détruire.
- L'union des contraires et des différences.
- Les grands architectes d'Ephèse.
- La colonne reconstituée.
- Certains construisent, d'autres détruisent.
- La folie destructrice, l'oubli et le pardon.
- L'homme venait de créer le Sacré.
- Face aux créateurs, les médiocres plus nombreux, l'emportent souvent. Soyons vigilants.
- Le Temple d'Artémis, Merveille du monde en pureté et grandeur.
- Recouvert de charbon et de bâches de peau.
- La beauté du monde des hommes.
- Etc.

Les médiocres détruisent toujours *Le talent bâtit toujours*

LE TABLIER ET LE SAUTOIR DU BÂTISSEUR D'EPHÈSE

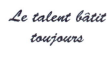

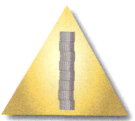

ENTRE LUNE ET SOLEIL

L'EPITOGE

Le Tableau de Loge du Bâtisseur d'Ephèse

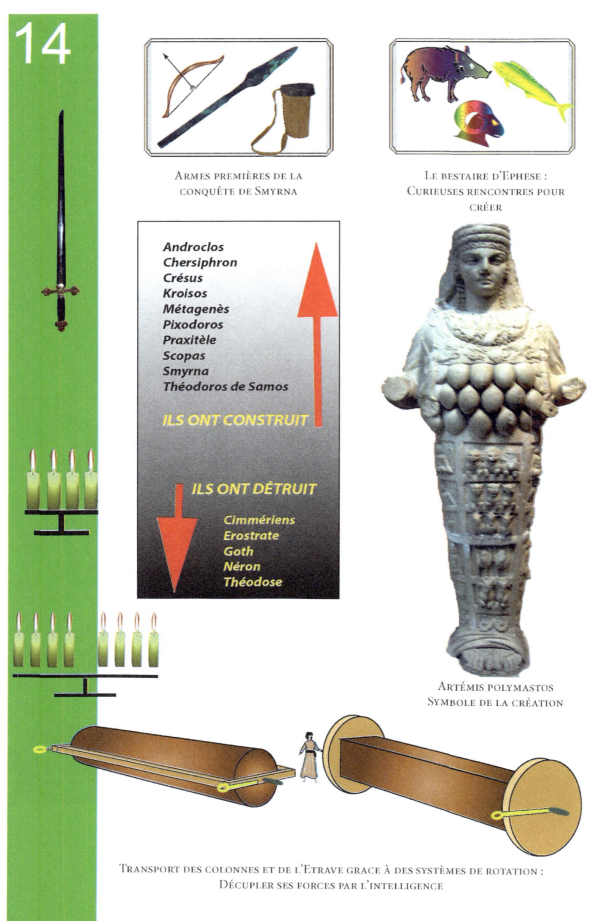

Armes premières de la conquête de Smyrna

Le bestaire d'Ephese : Curieuses rencontres pour créer

**Androclos
Chersiphron
Crésus
Kroisos
Métagenès
Pixodoros
Praxitèle
Scopas
Smyrna
Théodoros de Samos**

ILS ONT CONSTRUIT

ILS ONT DÉTRUIT

**Cimmériens
Erostrate
Goth
Néron
Théodose**

Artémis polymastos Symbole de la création

Transport des colonnes et de l'Etrave grace à des systèmes de rotation : Décupler ses forces par l'intelligence

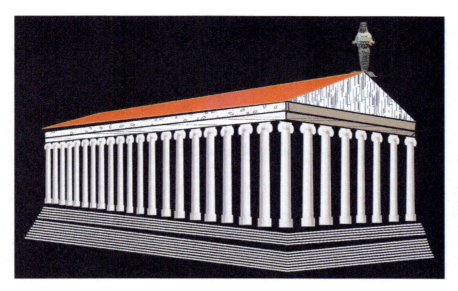

L'Artémision dans sa splendeur. Œuvre de la pensée humaine.
du matériel au Spirituel

127 colonnes pour construire le Beau

La CRÉATION
Au Centre de la Construction

Tout est détruit

sauf la Pensée et la
Volonté de construire et reconstruire

15 Bâtisseur d'Olympie

TRACER SON CHEMIN

La légende du grade

Imaginez un stade, lieu du surpassement, une gigantesque statue d'Or et d'Ivoire représentant ZEUS, un Temple dorique de haute spiritualité, une ville accrochée au pied du Mont Olympe, menacée d'une destruction criminelle. Telle est la légende éternelle d'Olympie.

La Grèce rayonnante étendait des jeux de force sur tout son territoire. La ville d'Olympie en fut la plus célèbre rassemblant les meilleurs compétiteurs du monde égéen. Elle devenait le lieu de rencontre et d'harmonie universelle. Mais que représentait la force sans l'esprit ?

Les Eliens, grâce à un considérable butin de guerre, construisirent à Olympie, sous la directive de l'Architecte LIBON D'ELIDE, un imposant sanctuaire voué à ZEUS, le Maître de l'Olympe. Cet imposant temple a été construit pour accueillir la remarquable statue d'Or et d'Ivoire, dite chryséléphantine réalisée par PHIDIAS (elle constitue l'une des Sept Merveilles du Monde). Le Temple de ZEUS devenait le complément culturel des hommes-dieux du stade. La spiritualité et le surpassement se fondaient l'un dans l'autre.

Le Temple, rectangulaire de rapport longueur - largeur égal à 2,31 est composé sur le pourtour de 34 colonnes doriques tronconiques et 4 + 14 à l'intérieur. Ce Temple orienté de l'Orient vers l'Occident est orné sur les frontons et les métopes de remarquables sculptures de marbre de l'île de Paros. Cette pierre pure compose également des plaquettes de la toiture. LUCIUS MUMMIUS, consul romain fit accrocher, suite à sa victoire militaire sur la ligue archéenne, 21 boucliers de bronze. De remarquables sculptures sur ces frontons évoquaient des faits de hardiesse comme la course de chars qui opposait PÉLOPS à ŒNOMAOS.

PHIDIAS, le plus grand sculpteur de l'époque commença la statue de Zeus plus de 40 ans après la fin de la construction du Temple que son Maître, AGÉLADAS, orna de statues d'athlètes.

L'immense statue Chryséléphantine de ZEUS, régnait dans la pénombre au centre du Temple. La statue de ZEUS assis sur son trône soutenu par quatre Victoires dansantes était posée sur un socle de 10 mètres par 6,65. Ce sublime siège est enrichi d'or, de pierres précieuses, d'ébène, d'ivoire, d'animaux peints et de dessins de statues. Deux sphinx prenant des enfants de Thèbes en ornent les montants faciaux et dominent APOLON et ARTÉMIS transperçant de flèches les enfants de NIOBÉ. Ce trône s'élève à 13 mètres de hauteur (soit une construction de quatre étages).

ZEUS serre de sa main droite une statue chryséléphantine de la Victoire et de la main gauche un sceptre surmonté par un aigle. L'or recouvre ses vêtements et ses sandales. Son manteau divin est orné de fleurs de lis et des signes du zodiaque.

FLAVIUS ARRIEN disait : « voir la statue de Zeus à Olympie empêche les hommes de devenir totalement malheureux ».

Sauf que THÉODOSE LE GRAND, le démolisseur des jeux Olympiques, laissait à son successeur Théodose II la funeste besogne de parachever la destruction du Temple d'Olympie en transportant la statue de Zeus à Constantinople, lieu de résidence des nouveaux empereurs.
Un incendie anéantit définitivement l'œuvre matérielle admirable de Phidias. Sa Merveille ne s'effacera pas de la mémoire des bâtisseurs.

Mot de la Tradition et Mot de Passe	Ouverture / fermeture
Phidias	L'heure d'Olympie
Surpassement	L'heure de Constantinople
	Age
	Treize ans

La Loge du Bâtisseur d'Olympie

15

Ethique du Bâtisseur d'Olympie

Le Bâtisseur d'Olympie est un combattant qui recherche l'élévation de lui-même sur lui-même.

- Il connaît le chemin d'Olympie.
- Il œuvre avec ardeur et zèle.
- Il reconstruit sans cesse.
- Il encourage la fermeté et la volonté.
- Il domine ses ennemis par le Livre et le Plan.
- Il connaît les deux boucliers.
- Il œuvre entre l'heure d'Olympie et l'heure de Constantinople.
- Il construit comme Phidias.
- Il se surpasse sans cesse.
- Il s'affine et se dresse comme les colonnes doriques.
- Il maîtrise l'aigle dominant.
- Il n'oublie jamais l'Œuvre des grands hommes.
- Etc.

Quelques thèmes de réflexion

- Le signe de commandement.
- Le signe de bataille.
- Une arche qui relie Olympie à Constantinople.
- Armé d'une lance et d'un bouclier.
- Beaucoup de sang répandu lors des combats.
- La Connaissance subsiste entre Lune et Soleil noirs.
- Quatre plus un.
- La Perfection et la Création conçues par l'Homme.
- Des dimensions du Temple de Zeus à celles de la pensée de l'Homme et à celles du Cosmos.
- D'Or et d'Ivoire.
- Un spectre polymétallique.
- Tout se sublimait.
- Etc.

Le Trident du Combattant Noir

Le Sceptre

La lance du Consul Romain Achaïcus

Le Tablier et le Sautoir du Bâtisseur d'Olympie

Le bijou du Bâtisseur d'Olympie

La bannière décorée d'un plan

Les tentures

Le Tableau de Loge du Bâtisseur d'Olympie

15

Le Combattant noir
et son dessein pour le monde

- Détruisez pour effacer le passé qui hypothèque l'imagination !

- Le cycle de la vie détruit pour régénérer.

- Rien n'est éternel. En détruisant vous anticipez.

- La destruction permet une recombinaison originale et créative.

- Détruisez à jamais les idées préconçues et les préjugés.

- Détruisez par la liquéfaction, la fusion et la sublimation.

- Détruisez sans faiblesse !

- Dispersez les ruines !

- Ne laissez éternellement aucune trace faite par l'homme.

- Osez et vous vaincrez !

Le Combattant blanc
et son projet pour l'Homme

- Bâtissez en gardant la mémoire des hommes !

- Seule dans le cycle de la vie, la création des hommes est originale.

- Rien ne s'oublie.

- Créez et innovez, vous serez un modèle de pensée !

- Transformez le monde sans le détruire.

- Bâtissez le monde en respectant les lois universelles, sinon prenez garde !

- Construisez un monde de Vérité et d'Amour.

- Transformez le monde sans le disperser.

- Transformez par l'Idée et l'Intelligence.

- Sublimez le Savoir en Connaissance.

- Nul n'est jamais anéanti s'il espère.   Vous triompherez !

ZEUS
ET SES SYMBOLES

Savoir vivre son œuvre

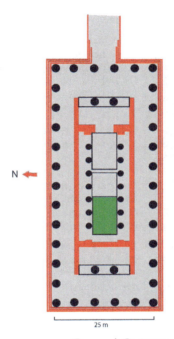

Brisées mais debout.

L'Homme ne met jamais le genou à terre et ne baisse jamais la tête

Comme à Olympie :
Savoir tracer le plan de son œuvre

Savoir soutenir son œuvre

La course de chars à Olympie.

Que faut-il surpasser ?

Qui faut-il surpasser ?

Quand faut-il se surpasser ?

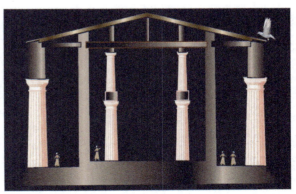

Bâtisseur de Mausole

Construire son après

La légende du grade

Lorsque le roi MAUSOLE monte sur le trône de son royaume il programme, avec l'appui de son épouse et sœur ARTÉMISE II, l'édification d'un majestueux Temple funéraire destiné à recevoir son corps après son décès et perpétuer sa gloire posthume. L'édifice fut bâti dans la Carie à Halicarnasse, cité d'Asie Mineure nommée par la suite " Bodrum ". Dans l'histoire de l'humanité, cette monumentale tombe prit le nom de " Mausolée , du nom de ce roi architecte. Après la mort du monarque qui régna pendant 24 ans, son épouse termina le mausolée avant de l'y rejoindre, croyait-elle, pour l'éternité.

Les plus grands architectes de l'époque dont SATYROS et PYTHÉOS DE PRIÈNE contribuèrent à la réalisation de ce chef-d'œuvre qui fut décoré sur chacune de ses quatre faces respectivement par LEOCHARES, BRYAXIS, SCOPAS DE PRIÈNE et TIMOTHÉOS.

L'architecture du Mausolée est d'essence pythagoricienne. Le Temple s'appuie sur 36 colonnes (le carré de 2 multiplié par le carré de 3) coiffées d'une pyramide d'environ 7 mètres de hauteur échafaudée en 24 marches (3 fois le cube de 2) de 0,30 mètre de hauteur. Ce toit est couronné par une imposante composition sculpturale représentant ARTÉMIS et MAUSOLE conduisant le char à deux roues de la Victoire, tiré par deux chevaux.

Le Mausolée de 140 pieds (46,2 mètres) de hauteur s'appuyait sur un socle de 440 pieds (145,2 m) de périmètre. PYTHÉOS avait élaboré son plan selon les normes pythagoriciennes, puisque le rapport : périmètre/hauteur égale 3,14.

Le nombre π résonnait à Halicarnasse.

La chambre funéraire de MAUSOLE et de son épouse, creusée dans le sol rocheux, contenait leurs sarcophages finement ciselés dont le couvercle formait un toit. Des amoncellements de restes d'animaux domestiques entouraient ces tombeaux, comme pour assurer une nourriture matérielle après leur mort.

La mort prématurée de MAUSOLE et D'ARTÉMISE II, n'arrêta pas la finition de cette œuvre. En effet mus, par l'honneur des artistes, les sculpteurs et décorateurs décidèrent de poursuivre et terminer le mausolée, ne serait-ce que pour graver leurs noms dans l'Histoire des hommes.

Un séisme, fréquent dans cette région, détruisit ce monument. Il ne fut ni restauré ni reconstruit. Peu de temps après cette catastrophe, les Turcs extrayaient des blocs du mausolée pour édifier des fortifications. Ce désossement fut poursuivi par les Chevaliers de Saint Jean de Jérusalem. Recherchant des pierres à chaux, les ouvriers de l'époque calcinèrent colonnes et autres pierres pour en extraire la chaux. Le Mausolée d'Halicarnasse devenait une dérisoire carrière de pierres à calcaire au fond de laquelle des lambeaux de tissus et des ossements furent découverts dans la chambre funéraire.

Cependant, certaines pièces architecturales du Mausolée furent sauvées et amenées dans les musées de Londres, pendant que d'autres, bien plus modestes, abandonnées de tous, gisent encore à Halicarnasse éparpillées et rongées par les lichens.

De piètres destructeurs de l'humanité avaient détruit une œuvre majeure des Constructeurs de l'Humanité.

LE BIJOU

Mots de la Tradition et de Passe	
Satyros et Pytheos	
Beauté	Age
	24 ans

Ouverture / fermeture
L'heure des fondations
La terre tremble

La Loge du Bâtisseur de Mausole

16

Ethique du Bâtisseur de Mausole

Le Bâtisseur de Mausole construit pour " son Après ".

- Il appartient à la Franc-Maçonnerie de l'Esprit essentiellement imprégnée de servitudes, de devoirs et d'espérances.
- Il connaît l'idéal de l'Ordre et ses règles, afin d'en être le fervent défenseur.
- Il transmet Savoir, Connaissance et Beauté.
- Il érige son Temple spirituel sur Terre.
- Il prodigue la Fraternité, l'Union, la Discrétion, la Fidélité, la Prudence et la Tempérance.
- Il conceptualise la Beauté, la Spiritualité, la Sagesse, la Puissance, l'Honneur, la Gloire et la Force créatrice.
- Il porte en lui le Beau, le Grand pour sa Transcendance.
- Il repense tout champ de ruines.
- Il étudie Satyros et Pytheos.
- Il respecte la Beauté.
- Il refuse la désolation et la consternation.
- Il connaît les mystères d'Halicarnasse.
- Il subodore l'invisible dans le visible.
- Il reconnaît et transcende les compétences.
- Il analyse, comprend et se protège des foudres de l'Univers.
- Il n'interrompt jamais l'Œuvre créatrice.
- Etc.

LE SCEPTRE

L'ÉPITOGE

Quelques thèmes de réflexion

- Les Constructeurs de l'Esprit.
- Les nombres 11, 24 et 36. Leur symbolisme.
- Bâtisseur de Mausole, d'où venez-vous ? Où allez-vous ?
- π et les Livres de la Tradition.
- Cinq Etoiles, une Lune et un Soleil noirs.
- Que conquiert le Char d'Halicarnasse ?
- L'Epitoge rouge-sombre.
- Les 34 représentations du Mausolée.
- De la Multiplicité issue de l'Unité.
- L'Heure des fondations avant que la Terre ne tremble.
- Les mystères des Bâtisseurs de Mausole.
- La Cérémonie des Colonnes.
- L'Espérance subsiste entre Lune et Soleil noirs.
- Artémise, Maître d'Œuvre.
- Graver son nom, ses Œuvres et ses Pensées dans l'Histoire des Hommes.
- Qu'est le Grand sans le Beau ?
- Tout meurt, tout se recrée. Tout se mélange et se recombine dans le cycle de la nature.
- Comme pour assurer une nourriture matérielle après la mort.
- Personne ne restaura.
- Détruire les colonnes de marbre pour obtenir de la chaux
- Etc.

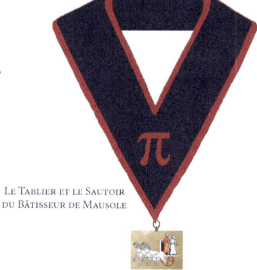

LE TABLIER ET LE SAUTOIR DU BÂTISSEUR DE MAUSOLE

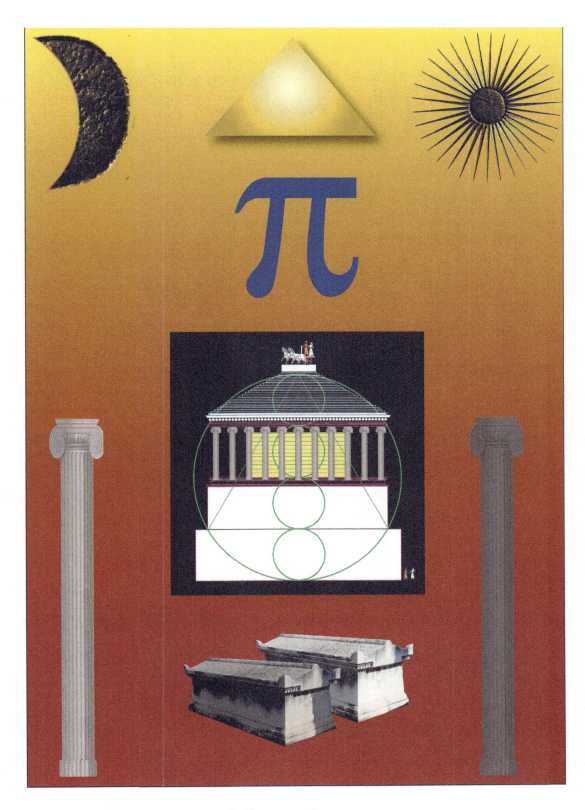

Le Tableau de Loge
du Bâtisseur de Mausole

133

16

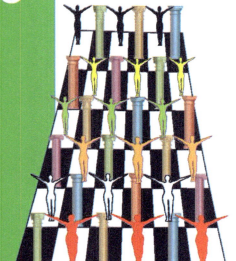

La Construction des hommes

Tout est matière, mais ...

      ... tout est esprit pour celui qui cherche.

Le Matériel et la Pensée sont reliés dans l'Univers. L'Homme en est l'exemple parfait.

La Cérémonie des Colonnes

Le Récipiendaire (en bleu clair) face au Tableau de Loge et au Grand Bâtisseur de Mausole (en rouge).

Il prend place entre les deux surveillants (en jaune) pour compléter l'édifice.

Deux Représentations du Mausolée d'Halicarnasse :

L'Imagination transforme l'Unité du Plan en Multiplicité de la Pensée

Bâtir son Temple intérieur,
Bâtir le Temple de l'Humanité

à partir d'hommes solidaires dans la Pensée et dans l'Action.

Tout est esprit pour celui qui cherche.
Tout est relié dans l'Univers.

Les grandes constructions matérielles et spirituelles s'appuient sur la rectitude.

Emanation géométrique du Mausolée d'Halicarnasse assimilé à la pensée de l'Homme.

Ici, Tout est rationnel, Tout est spirituel.

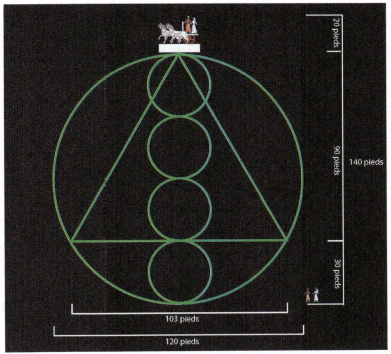

La Symétrie de l'œuvre génère-t-elle l'ennui ?

Structure pythagoricienne: base architecturale du Mausolée d'Halicarnasse

Bâtisseur de Rhodes

BÂTIR POUR LE PASSÉ

La légende du grade

Une véritable armada, dirigée par DEMETRIOS, composée de 350 navires, de plusieurs escadres de pirates, de plus de 100 vaisseaux d'approvisionnement, partie d'Asie, fait voile vers Rhodes pour la conquérir. Rhodes paisible terre de vigne et d'olivier détenait d'importantes carrières de marbre permettant de façonner de remarquables pièces artistiques incrustées de bronze et de céramique. Mais bien plus que cela, l'île constituait une riche et puissante étape maritime entre le monde hellénique, l'Asie et l'Afrique pharaonique.

DÉMÉTRIOS entreprit le siège de Rhodes en utilisant pour la première fois dans ce pays, d'où l'effet de surprise, d'impressionnantes machines de destruction, imaginées par les architectes EPIMACHOS et ZOÏLOS, capables de détruire Rhodes par terre et par mer. Ces engins de guerre étaient constitués de tours de plus de 90 coudées (40 mètres) de haut arrimées à de puissants bateaux. La plus importante de ces tours, bâtie à l'aide de pièces de bois, tractées par 8 roues cerclées de fer, s'appuyait sur un socle de 50 coudées (22,2 m) et s'élevait à la hauteur d'un immeuble de 13 étages. D'après VITRUVE son poids atteignait 360 000 livres (117 tonnes). Cette tour infernale comportait de multiples fenêtres dotées de puissantes catapultes.
Equipés de ces engins de mort, DÉMITRIOS et ses 340 guerriers attaquèrent Rhodes qui mit genoux à terre.

DIOGNETOS, stimulé par la population, accepta la mission de sauver Rhodes, face à DEMETRIOS, en échange de la promesse de conserver le monstre de fer en cas de victoire. Son génie lui suggéra de tendre un guet-apens aux agresseurs en créant une large saignée dans les murailles de la ville face à l'hélépole de DÉMITRIOS afin de l'inciter à emprunter ce chemin. L'intelligence affrontait la force.
Pendant que le monstre avançait vers la faille béante, DIOGNETOS fit déverser la nuit par les habitants de Rhodes, des monceaux de boue et de lisier qu'il inonda avec le peu d'eau dont il disposait. Le matin, l'hélépole s'embourba, s'enlisa, ne put poursuivre sa marche destructrice et s'immobilisa à jamais.
DEMETRIOS et ses guerriers constatant leur échec se replièrent rapidement sur leurs vaisseaux et reprirent la mer.

VITRUVE disait « pour la défense des places, l'esprit et l'industrie font autant que les machines ».
Mais quels sont les " outils " pour défendre les idées ?

Ainsi libérés, les Rhodiens récupérèrent le métal de l'hélépole. Pour célébrer leur victoire inespérée ils décidèrent d'élever une gigantesque statue en reconnaissance à Hélios, leur protecteur. Le sculpteur CHARÈS DE LINDOS éleva, en douze ans la statue du Colosse de Rhodes, à l'entrée du port sur un monumental socle de marbre blanc. Elle représentait un homme debout de 119 pieds (35 m) de haut, jambes écartées pour certains historiens ou jambes serrées pour d'autres ce qui assure une plus grande stabilité de la statue. Personne ne saura comment la statue fut réellement érigée.

Des tôles de bronze réfléchissant les rayons du soleil couvraient son corps dont l'armature était constituée de tirants de fer et de pierres. L'éclat de la statue illuminait Rhodes et les flots.

Hélas, 66 ans plus tard, un tremblement de terre rompit les genoux du géant qui s'effondra devenant ainsi un amoncellement métallique ruiniforme qui résista cependant aux pillages durant neuf siècles avant qu'une expédition arabe récupère les treize tonnes de bronze et les sept tonnes de fer du fatras métallique. Ce trésor fut transporté par des caravanes de plusieurs centaines de chameaux, pour être vendu en Syrie à un riche négociant.

Qu'en est-il devenu du Colosse de Rhodes ?

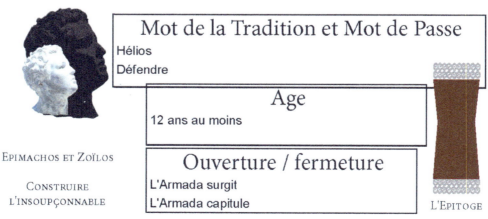

La Loge du Bâtisseur de Rhodes

Ethique du Bâtisseur de Rhodes

Le Bâtisseur de Rhodes bâtit pour commémorer.

- Il concrétise le vécu.
- Il rend hommage aux anciens.
- Il utilise le subterfuge face à la terreur et l'intelligence face à la force.
- Il défend les idées.
- Il sait que tout est à repenser, rebâtir et rassembler.
- Il connaît Charès de Lindos.
- Il combat pour protéger et préserver Tradition et Connaissance.
- Il sait que tout meurt sauf l'Idée.
- Il défend mais n'agresse pas.
- Il accepte les nobles missions.
- Il élève des monuments à la gloire de la Liberté.
- Il prépare méticuleusement ses actions.
- Il lutte contre les prédateurs.
- Il ne se laisse pas surprendre par le gigantisme des choses et des idées.
- Il est homme de prospective car il sait anticiper.
- Il ne montre jamais son étonnement.
- Il sait récompenser les idées créatrices.
- Il érige l'imagination face à la force.
- Il connaît la fragilité des choses et la force des idées.
- Il décèle les faiblesses des colosses.
- Il est modèle de pensée créative.
- Il sait anticiper.
- Il construit avec la vision d'un futur éternel.
- Etc.

Quelques thèmes de réflexion

- Savoir rendre hommage.
- Le Colosse auréolé du Soleil.
- Tenir le Feu dans sa main.
- Etoiles, Lune et Soleil noirs.
- L'escadre marine prépare le combat.
- Eventrer les murailles.
- Craindre l'hélépole.
- Un revêtement de bronze pour briller.
- Rongé par la mer.
- L'armada surgit, l'armada capitule.
- Douze ans pour construire.
- Le signe et l'ordre.
- Le triangle et l'Œil de la Connaissance.
- Le Génie et la pensée de l'Homme.
- Les caravanes de l'exil.
- Concevoir pour détruire.
- Construire colossal.
- Le temps de la reconstruction.
- Plus facile de piller que d'imaginer et de construire.
- Etayer ses pensées et ses actions pour ne pas devenir ruine.
- Un dernier carré résista.
- Personne ne le saura.
- Etc.

17

LE BIJOU

L'HÉLÉPOLE OU MACHINE INFERNALE

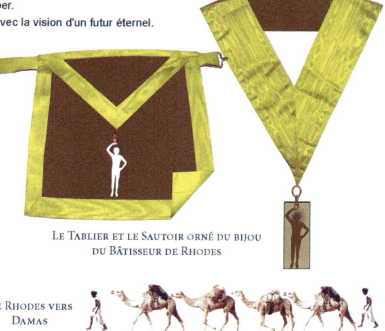

LE TABLIER ET LE SAUTOIR ORNÉ DU BIJOU DU BÂTISSEUR DE RHODES

DE RHODES VERS DAMAS

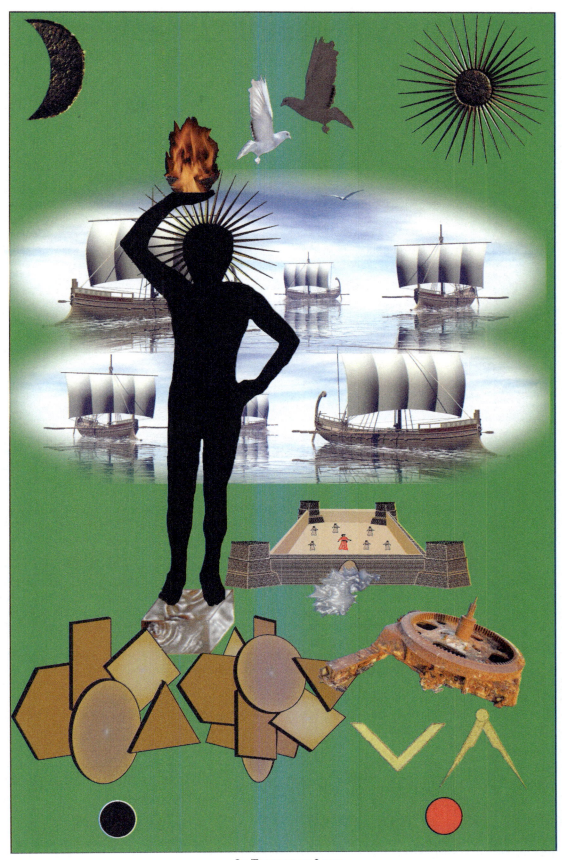

Le Tableau de Loge
du Bâtisseur de Rhodes

Bâtisseur d'Alexandrie

CONSTRUIRE LA LUMIÈRE

La légende du grade

Le Grand ALEXANDRE, après sa victoire sur les Perses, entre en Egypte, accueilli comme un sauveur. Il décida de fonder une grande cité portuaire sur la côte égyptienne face à l'île de Pharos en demandant à l'architecte DINOCRATÈS de lui proposer la création d'une ville enrichie d'un port doté d'un phare visible à plus de 300 stades (53 km) dans la nuit. ALEXANDRE programmait également la construction d'une prestigieuse bibliothèque. Que représente la Lumière d'un phare sans la présence du Livre et réciproquement que représente le Livre sans la Lumière ?

Pendant qu'Alexandrie la superbe naissait, Alexandre le Grand mourrait. La mort lui empêcha d'achever son projet.
En était-il fini du Phare et de la Bibliothèque ? Une grande œuvre peut-elle rester idée fugace ?
Ce fut son successeur, PTOLÉMÉE SÔTER qui continua l'œuvre.
La nouvelle ville présentait une structure orthogonale, émanation de la rectitude, dans laquelle brillaient mille palais et fleurissait une foison de Temples dont ceux dédiés à POSÉIDON, ISIS et SÉRAPIS.
Le phare se dressait à l'entrée d'un port naturel. PTOLÉMÉE SÔTER commanda la réalisation du Phare à l'architecte SOSTRATOS DE CNIDE. Cette œuvre gigantesque terminée sous le règne de PTOLÉMÉE II PHILADELPHE.
Le socle empierré du phare fut mis en place par le sabordage d'un bateau chargé de gros blocs de calcaire. Le Phare d'Alexandrie s'élève à environ 120 m de hauteur. Il comprend trois étages ; le premier de forme trapézoïdale, le deuxième prismatique octogonal et le troisième cylindrique. Le sommet de cette construction accueille un brasier coiffé d'un toit conique protecteur orné d'une statue.
Plusieurs séismes et un manque d'entretien et de restauration flagrant eurent raison de l'édifice qui ultérieurement fut remplacé par l'imposant fort de Qâyt-Bay. Récemment les vestiges immergés du phare furent retrouvés dont les statues colossales de rois et de reines qui ornaient le pied du phare.

Non loin de cette œuvre architecturale, DÉMÉTRIOS DE PHALÈRE conçut un Musée comprenant la plus importante bibliothèque de l'époque. La Lumière du Phare et la Lumière du Livre se fondaient dans une haute spiritualité. ERATOSTHÈNE, qui fut le premier à calculer la circonférence de la Terre, et bien d'autres érudits furent les brillants conservateurs de cette bibliothèque qui recelait plus de sept cent mille volumes traitant de toutes les connaissances du moment. A ALEXANDRIE, éclairé par les lueurs du Phare, le monde du Savoir et de la Connaissance fleurissait.
Mais l'incendie allumé par JULES CÉSAR, les guerres dont celle menée par AURÉLIEN, l'hostilité du christianisme à la pensée grecque considérée comme païenne, les conquêtes arabes contribuèrent à l'effondrement culturel de la Bibliothèque d'Alexandrie. Cependant son esprit ne pouvait disparaître. Après plusieurs siècles de silence, elle fut reconstruite et réactivée sous le nom de Bibliotheca Alexandrina. Le Savoir et la Connaissance seront perpétués puisqu'elle pourra accueillir plus de huit millions d'ouvrages.

TENTURES

Mot de la Tradition et Mot de Passe
Dinocratès
Bibliotheca Alexandrina

Ouverture / fermeture
Le Phare s'illumine
Le Livre est consumé

Age
120 ans

La Loge du Bâtisseur d'Alexandrie

18

Epitoge

Eratosthène fut le premier Conservateur de la Bibliothèque d'Alexandrie

Il mesura la Terre et la pensée des Hommes.

Ethique du Bâtisseur d'Alexandrie

- Il mesure la verticalité de la Construction.
- Il protège les racines indéfectibles de la Connaissance.
- Il n'abandonne jamais une œuvre écroulée ou détruite par la nature ou par les hommes.
- Il crée un univers d'Intelligence et de Lumière.
- Il sait que son œuvre sera perpétuée.
- Il recrée et réactive malgré plusieurs siècles de silence.
- Il se nourrit de grandes ambitions.
- Il ensemence l'homme par le Savoir et la Connaissance.
- Il mesure la Terre pour bâtir l'humanité.
- Il sait que la Lumière guide les hommes.
- Il anticipe le devenir de l'Humanité.
- Il valorise l'existant.
- Il réalise des prouesses grâce à son intelligence, à son émulation et à son imagination.
- Il connaît les limites du Savoir.
- Il collecte, conserve, mémorise et transmet les éléments de la Connaissance.
- Il rassemble pour transmettre.
- Il respecte les lois profondes du Cosmos et de l'Univers.
- Il sait attendre car les colosses sont fragiles.
- Il rétablit l'horizontalité de sa pensée.
- Il aspire à connaître la Transcendance.
- Il n'abandonne jamais une œuvre.
- Etc.

Quelques thèmes de réflexion

- Un globe terrestre surmonté d'un Phare.
- Le Livre de la Connaissance et la Bibliothèque d'Alexandrie.
- Démétrios de Phalère.
- La négligence et l'abandon gomment l'Œuvre des hommes.
- Main droite, doigts écartés sur le cœur.
- La destruction d'œuvres maîtresses.
- Un Phare qui éclaire le Monde et une Bibliothèque qui recèle la Connaissance.
- Un port ouvert aux autres et au Monde.
- La lumière de la Connaissance éclaire les hommes.
- Poséidon, Isis ou Sérapis.
- La vigilance veille aux constructions matérielles et spirituelles.
- L'esprit profond de la Connaissance est indescriptible.
- Ne rien étouffer sous la poussière de l'oubli.
- Mesurer la Terre et le Cosmos.
- Ils détruisirent le Savoir et la Connaissance d'Alexandrie.
- Un souffle subtil peut-il s'éteindre à jamais ?
- La Cérémonie des Lumières.
- Le passé constitue nos racines. Il ne s'efface pas.
- Aplanir les aspérités de l'homme en devenir.
- Rectifier l'affaissement des hommes abandonnés.
- Rien n'arrête la Connaissance, la Liberté et le Progrès des hommes.
- Etc.

Le Tablier et le sautoir du Bâtisseur d'Alexandrie

Le Tableau de Loge du Bâtisseur d'Alexandrie

18

La Connaissance peut-elle être réduite à des milliers d'ouvrages comme à Alexandrie ou ailleurs ?

Certes non mais elle y trouve refuge afin d'ensemencer les pensées de nos fils.

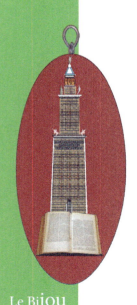

Le Bijou

Se Construire en progression, comme a été érigé le Phare d'Alexandrie.

La Cérémonie des Lumières

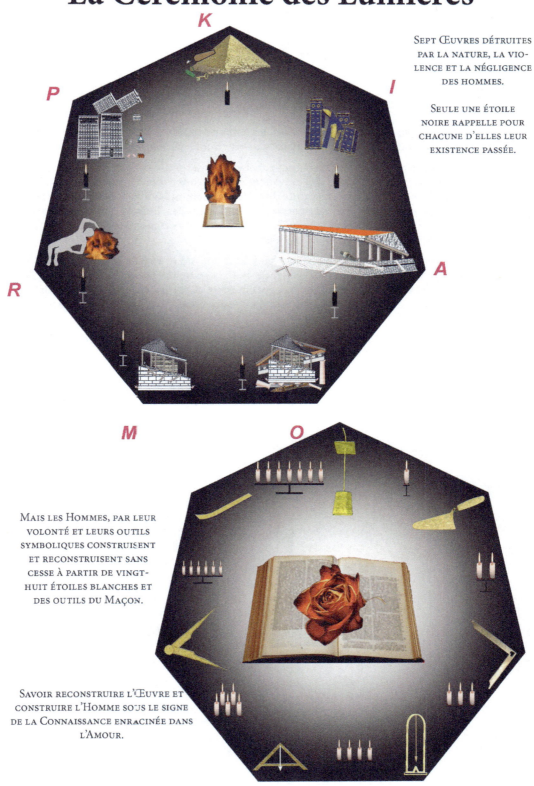

Sept Œuvres détruites par la nature, la violence et la négligence des hommes.

Seule une étoile noire rappelle pour chacune d'elles leur existence passée.

Mais les Hommes, par leur volonté et leurs outils symboliques construisent et reconstruisent sans cesse à partir de vingt-huit étoiles blanches et des outils du Maçon.

Savoir reconstruire l'Œuvre et construire l'Homme sous le signe de la Connaissance enracinée dans l'Amour.

Bâtisseur d'Héliopolis

TRACER LE CHEMIN DE SA VIE

La légende du grade

Depuis plusieurs milliers d'années, les hommes vénèrent le Soleil, soit par crainte soit par admiration soit par interrogations. Ces réflexions sont longtemps restées sans réponses.

Eclairés par cet astre " ésotérique ", les hommes ont construit des dieux, des légendes, des cultes, des empires, des croyances dans le cadre d'une haute spiritualité ésotérique universelle. Mais, à travers cette diversité, les hommes ont vénéré et protégé ces concepts en les sanctifiant par des constructions matérielles intimes ou monumentales. Ainsi érigés Cercles de Pierres, Temples, Murailles cyclopéennes, Observatoires solaires, Cités s'imprègnent de spiritualité et d'ésotérisme.

Le Soleil se révèle comme métronome de la Vie, de la Pensée, de l'Action, de l'Equilibre dans le mouvement, de la Vérité, de la Puissance, du Beau, du Temps, de l'Ordre, du Désordre et de bien d'autres concepts moraux et spirituels. Les Constructeurs ont bâtit à travers ces principes et les Penseurs ont extrapolé pour toujours de nouveaux modèles intellectuels.

Le Bâtisseur d'Héliopolis peut et doit construire sa Vie et mener ses actions vers l'extérieur dans cette perspective.

LE BIJOU

LES TENTURES

LE TABLIER DU BÂTISSEUR D'HÉLIOPOLIS

LE SAUTOIR

Ouverture / fermeture
Le Soleil renaît
Le Soleil se couche

Mot de la Tradition et Mot de Passe
Sésostris
Rayonner

Age
Neuf ans rayonnants

LA TÉTRAKTYS DU BÂTISSEUR D'HÉLIOPOLIS

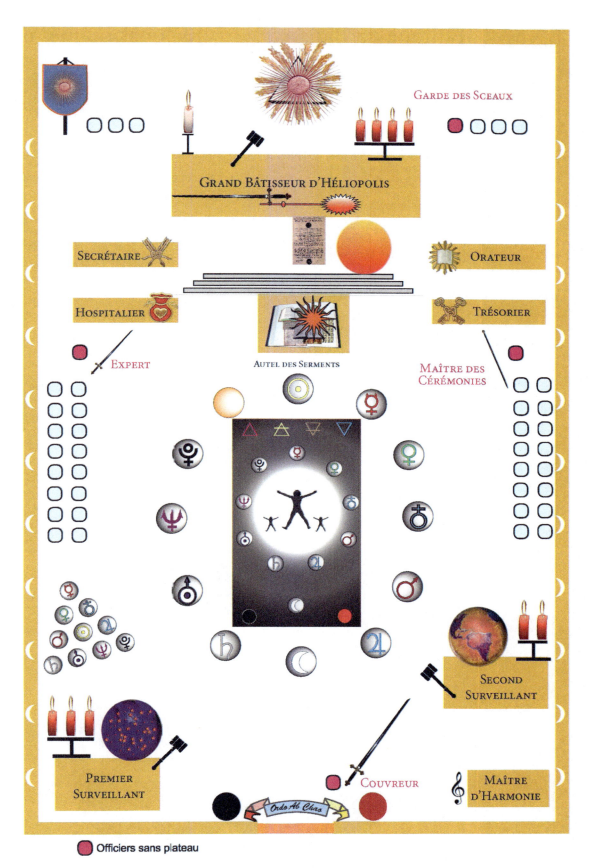

La Loge du Bâtisseur d'Héliopolis

19

Ethique du Bâtisseur d'Héliopolis

- Il désire connaître la Vérité du Monde.
- Il s'enrichit de la Lumière pour progresser le long du chemin de la Vertu.
- Il se dépouille des préjugés, de l'erreur et du mensonge pour ne conserver que l'essentiel de la Vie.
- Il fuit l'ignorance, la cupidité et l'orgueil.
- Il demeure attaché à ses devoirs.
- Il dirige ses aspirations vers la Lumière du Soleil.
- Il sait que toute lumière génère une ombre.
- Il rayonne et éclaire ses pensées.
- Il connaît la brillance de la Vérité.
- Il ne vénère pas le Soleil, il le contemple.
- Il meurt et renaît sans cesse comme le Soleil.
- Il observe pour comprendre les mystères.
- Il connaît le triomphe cyclique de la Lumière.
- Il utilise sa vie éphémère pour construire.
- Il connaît la relativité du Temps.
- Etc.

Quelques thèmes de réflexion

- Le Centre du Bonheur.
- Traverser le voile terrestre épais et obscur.
- La Vérité est l'enseignement des Sages.
- Se dégager de la superstition, des idées préconçues et des préjugés.
- Rien n'est à cacher.
- Des Ténèbres au centre de la Lumière.
- *Lux Ex Tenebris ; Et lux in tenebris lucet ; ex lux lucis adveho atrum.*
- La tétraktys, le Soleil et les planètes.
- Sésostris et Hélios.
- Héliopolis et la pensée.
- Khépri, Rê et Atoum.
- L'apparition de l'Idée.
- Toujours plus grand, plus beau, plus lumineux.
- Métronome de la Vie, de la pensée, de l'équilibre dans le mouvement.
- Construire à Jaïpur ou à Chiché-Itza.
- Les neuf planètes et leur symbolisme.
- Etc.

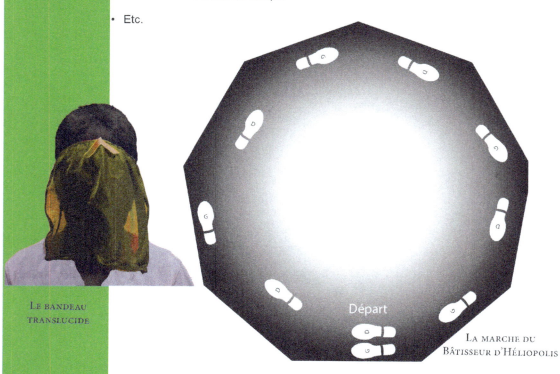

Le Sceptre

Le bandeau translucide

Départ

La marche du Bâtisseur d'Héliopolis

Le Tableau de Loge du Bâtisseur d'Héliopolis

19

Nout
Geb
Shou
Tefnout
Isis
Osiris
Seth

des dieux et des hommes

L'HOMME CONSTRUCTEUR, LES PLANÈTES ET LES MYTHES DANS LA CRÉATION

- étoiles
- planètes
- pas
- coups de la batterie
- ans rayonnants
- pression des doigts
- dieux de la Lumière
- Etc.

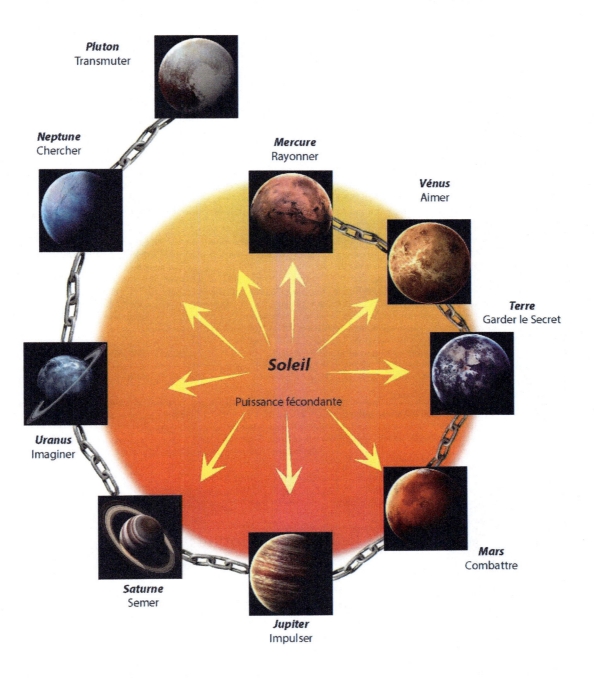

Le Soleil, les planètes : messages aux Bâtisseurs.
Dans l'Univers, tout est lié

Ordonnateur du Temps

Créer dans le temps

La légende du grade

Le " Plus Ancien d'Entre Tous " rassemblait comme à chaque crépuscule les sages de son village africain. Où-est ton fils ? *Il est loin, très loin.* Mais encore ? *Il est parti il y a longtemps, très longtemps.*

Bien que le " Plus Ancien d'Entre Tous " ne puisse quantifier les distances et le temps, il savait les comprendre et les ordonner.

L'horloge que porte mon fils voyageur, ne marque pas strictement la même heure que les nôtres, hommes sédentaires. Pourquoi le temps objectif ou subjectif n'est-il pas le même pour tout le monde ? Le temps objectif concerne les phénomènes périodiques tels que le retour perpétuel du jour et de la nuit ? Mais pour certains, ce n'est pas cela. Le temps peut paraître court ou long selon leurs ressentis. Lorsque je contemple le ciel, je ne vois pas le temps passer mais lorsque j'attends la guérison, je trouve le temps long.

Le temps objectif concerne les phénomènes périodiques de la nature que perçoit, quantifie ou mesure l'homme comme le retour du jour et de la nuit ou la succession des phases de la lune ou la période de la vibration de l'atome de Cesium 133 prise comme référence et définition de la seconde ou l'évaporation et le remplissage de la mare du Sahel selon les saisons, la métamorphose de la Lune dans le ciel, etc.

Le temps subjectif est tout autre. Il dépend de l'humeur des hommes. Il peut paraître long ou court pour des durées identiques. Les jours paraissent des mois pour celui qui vit une situation de stress ou de courtes heures pour le passionné qui ne voit pas le temps passer. Il s'agit dans ces cas d'un ressenti émotionnel du temps, non physiquement mesurable.

Comment Bâtir, Construire et Créer en tenant compte de ces deux aspects du Temps ?
Peut-on remonter le temps ? Peut-on corriger une faute humaine comme nous le faisons avec nos ordinateurs ?
Le temps objectif se mesure avec de nombreux outils déjà utilisés par nos ancêtres bâtisseurs. L'homme peut " remonter et revivre le passé " car il est imprégné de souvenirs, de traditions, de textes écrits et compensent ainsi l'irréversibilité du Temps. L'oubli constitue l'annihilation et l'effacement du temps et de l'expérience des hommes. Mais le temps permet l'évolution, impulse le progrès, favorise le savoir, autorise le perfectionnement, la réalisation de l'œuvre, la métamorphose, le devenir, le changement, l'espérance. Le temps provoque la destruction, l'altération, le vieillissement, la mort et la redistribution des choses de la vie.
Le temps est une composante de la grande loi de l'Univers, il est un des paramètres de l'ordonnancement du Cosmos. Cependant est-ce que les nombres Pi ou le nombre d'Or dépendent du temps ? A priori non !
Que le temps soit linéaire, cyclique ou hélicoïdal, il se décompose toujours en trois parties perçues par l'homme :
- le passé dont l'origine prend ses racines dans l'infini lointain situé en arrière de nous, mais qui bute sur le présent ;
- le présent composé d'une succession éphémère de "maintenants " et qui peut s'assimiler un voile fugace illusoire sans épaisseur qui s'évanouit dès qu'il "Est ". Il se déchire et se recompose à chaque instant. Le présent n'a pas de contenance quantitative susceptible de composer le temps.
- le futur qui n'est pas encore et qui ne débute qu'à la fin du présent. Dès sa création il devient, comme le passé, infini.

L'homme vit entre ces deux infinis terminés ou initiés par le présent.
Le temps existe sans l'homme alors que l'homme ne peut être sans le temps.

Comment le Bâtisseur, le Constructeur, le Créateur doivent-ils se comporter ?

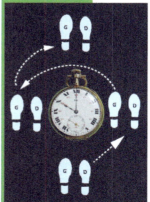

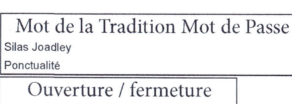

Le Sceptre

Le bijou

LE COMPAS INDIQUE LES HEURES ET LES MINUTES
LA RÈGLE RYTHME LES SECONDES

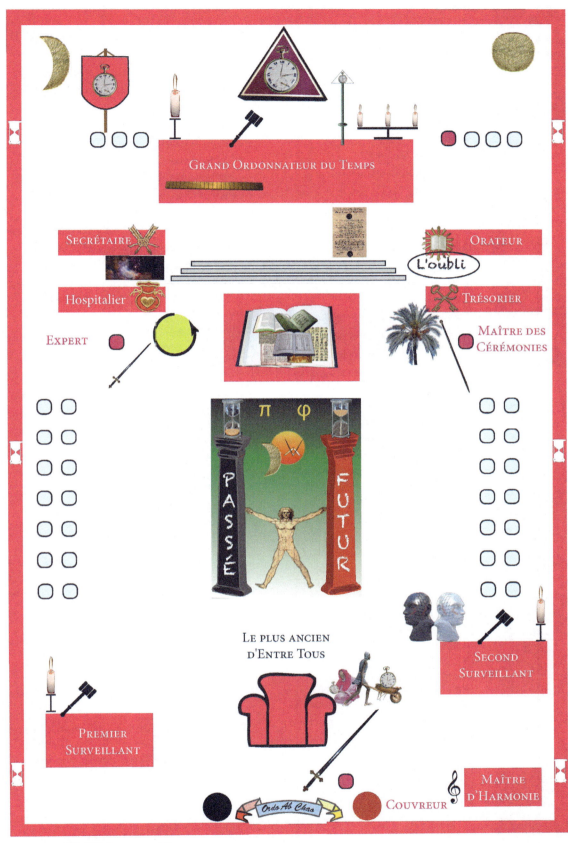

La Loge de l'Ordonnateur du Temps

20

Les tentures

Le Plus Ancien d'Entre Tous

L'Homme, Le Passé, Le Futur

Ethique de l'Ordonnateur du Temps

- Il construit avec la règle à 24 divisions.
- Il unit la clepsydre au sablier.
- Il connaît la fin du passé et le début du futur.
- Il comprend l'Eternité
- Il franchit sans cesse la fin du passé.
- Il est homme juste et précis.
- Il connaît tous les anciens de son village.
- Il sait comprendre et ordonner le temps.
- Il pressent la relativité du Temps.
- Il est passionné et ne voit pas le temps passer.
- Il vit un temps dynamique dans une éternité statique.
- Il prend le temps d'être entendu.
- Il fusionne le Passé, le Présent et l'Avenir.
- Il assimile le temps au mouvement.
- Il refuse une société sans mouvement et sans temps.
- Il mesure le temps.
- Il revisite le passé, l'étudie et le comprend.
- Il ambitionne de trouver l'origine du Temps.
- Il unit le passé et les mythes pour façonner le progrès de la Connaissance et pour enrichir le monde.
- Il se propulse vers l'avenir.
- Il considère l'Eternité comme un concept figé.
- Il dissout le Présent dans le Tout ; Passé comme Futur.
- Il considère le présent comme une succession d'immédiats.
- Il ne trouve ni commencement ni fin au temps circulaire.
- Il cherche à savoir si l'éternité est la transcendance ou la sublimation du temps.
- Il vit le passé comme mémoire, le présent comme discernement et le futur comme espérance, inspiration et perspicacité.
- Il découvre que le temps n'a pas d'emprise sur tout.
- Il se situe entre deux infinités ; Passé et Futur.
- Il construit dans le court temps de sa vie.
- Etc.

Quelques thèmes de réflexion

- Le " Plus Ancien d'Entre Tous " et le Temps.
- Le Tableau de Loge de l'Ordonnateur du Temps.
- Une montre animée par un compas et une règle.
- Longtemps, très longtemps ; Loin, très loin.
- Les trois pas de la marche et l'horloge.
- Le temps débute à l'infini et se termine à l'infini.
- Le Temps objectif et le Temps subjectif.
- Le temps linéaire, cyclique et hélicoïdal.
- Le ressenti émotionnel du Temps.
- Le temps et les nouvelles technologies du Créateur.
- Le Temps, l'Espace, la Matière et la Pensée.
- La conscience, succession d'états insécables.
- Irréversibilité du Temps et réversibilité des choses.
- Le Temps est une Loi qui permet la durée et la simultanéité.
- L'oubli est l'annihilation du Temps.
- Le Temps, vision dynamique, formatrice et créatrice.
- Tout mouvement est borné et limité.
- Le mouvement perpétuel : chimère des hommes.
- La Voûte étoilée, archétype du passé.
- Le passé est le temps d'un objet, d'une pensée, de l'homme.
- L'éternel retour.
- Gommer et occulter une action passée ou admettre et assumer ?
- L'homme peut-il oublier avec le temps.
- Le présent est instantané, fugace, instable, toujours en démolition mais toujours en reconstruction.
- Le présent s'affirme sans l'homme qui n'est qu'un avatar de la vie.
- Le temps transforme l'homme en poussière et le cadavre en mémoire vivante.
- Le temps de l'Intemporel et de l'Eternel
- Le Temps, la Vie et le Perfectionnement Initiatique.
- Le futur renferme le probable et l'improbable.
- L'Univers pourrait-il exister sans le temps ?
- Le temps, le cadran solaire, l'ombre et la lumière.
- Qu'elle heure est-il ?
- Le mouvement brownien des hommes, le Temps et l'Œuvre.
- L'horloge du sédentaire et l'horloge du voyageur.
- Etc.

LE TABLEAU DE LOGE DE L'ORDONNATEUR DU TEMPS

Deux colonnes ornent ce tableau :

- Un colonne noire, côté septentrion surmontée d'un sablier rempli dans sa partie basse pour symboliser le Temps écoulé. Cette colonne symbolise le " PASSÉ " ;
- Une colonne rouge, côté midi surmontée d'un sablier dont seule la partie haute est remplie de sable pour symboliser le Temps à venir. Sur cette colonne le mot " FUTUR " s'affiche.

Un homme représentant le PRÉSENT relie ces deux colonnes.

Cet homme est surmonté d'une Lune exempt d'outils car rien ne peut plus se réaliser dans le passé et d'un Soleil orné de l'équerre et du compas pour symboliser l'Œuvre à accomplir dans le Futur.

Au dessus de ces deux astres apparaissent les lettres π et φ qui ne sont pas affectées par le Temps.

20

L'HEURE INDIQUÉE PAR UNE HORLOGE MOBILE N'EST PAS STRICTEMENT LA MÊME QUE CELLE INDIQUÉE PAR UNE HORLOGE FIXE

VARIATION DU TEMPS ENTRE UNE HORLOGE MOBILE ET UNE HORLOGE FIXE $\sqrt{1-\frac{v^2}{c^2}}$

Le Passé est mémoire ;

le Présent exige discernement ;

le Futur induit l'Espérance, l'Inspiration et la Perspicacité.

Pour π et φ le Temps n'existe pas. Pourquoi ?

La vie est un rêve dans le Temps
La mort est un voyage hors du Temps

Les outils créés par l'homme mesurent toujours le Temps de façon saccadée : un chemin initiatique

L'Eternité est-elle transcendance ou sublimation du Temps ?

Une Eternité statique qui recèle le Temps dynamique.

Face à l'Eternité, comment construire une Œuvre, durant la courte vie d'un homme ?

Quelle Œuvre ?

Quel moteur produit le Temps ?
Le Temps vécu
A la conquête du Temps
Le Temps de la Relativité
Le Temps du Franc-Maçon
Le Temps du rêve
Le Temps de l'Amour

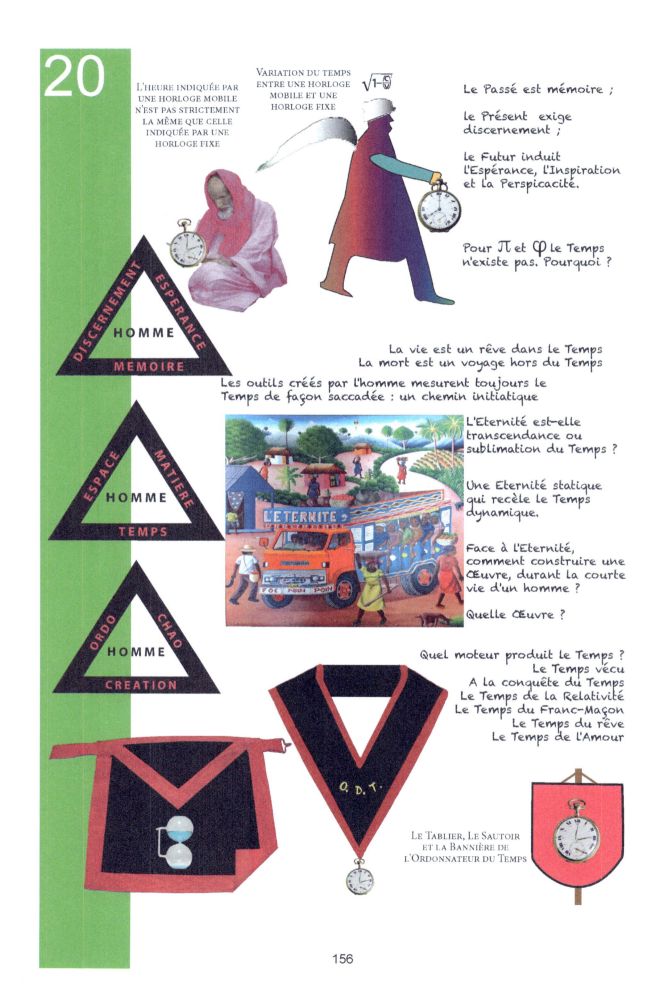

Le Tablier, Le Sautoir et la Bannière de l'Ordonnateur du Temps

La Boîte à Outils de l'Ordonnateur du Temps

Le canon qui tire un coup de feu à une heure précise
La chronologie atomique qui permet de mesurer l'âge d'objets anciens
La clepsydre qui relie le temps à l'écoulement de l'eau
Le sablier qui mesure le temps grâce au débit du sable
Le cadran solaire qui unit le temps à la Lumière et à l'Ombre
Les horloges à pendule qui associent le temps aux oscillations d'un corps
Les calendriers, reflet des la mémoire du Temps à travers les civilisations
Les montres et chronomètres qui traduisent le temps par un parcours circulaire d'aiguille

21

LA MARCHE PAR

1 (CHERCHER)
2 (SAVOIR)
3 (CONNAÎTRE)

Docte

CHERCHER, SAVOIR, CONNAÎTRE

La légende du grade

Alors qu'il observe les lumières et les noirceurs de l'univers et des hommes, le Docte Humaniste souhaite comprendre et approfondir les lois de la Nature et celles qui régissent les Hommes qui n'en sont qu'une parcelle pensante. Un jeune maçon s'approche de lui et s'assied à ses côtés.

Docte Humaniste est-ce vrai que vous êtes un Savant ?

Je suis plus savant, plus sachant qu'hier et moins que demain car chaque jour j'apprends, je travaille et j'accrois mon Savoir. Comme tout homme, je suis un savant en enrichissement intellectuel permanent.

Docte Humaniste, donnez-moi les secrets de la réussite qui me permettront de parfaire l'œuvre que j'accomplis.

Le concept de réussite est bien relatif. Construire et réussir sa vie au sein des autres, me semble l'essentiel de notre existence. L'homme peut réussir sa vie, dans son jardin secret, dans sa vie sociale ou dans sa vie intellectuelle en parcourant un chemin initiatique fécond. Jeune Maçon, la réussite se mérite, se conquiert. Plus votre chemin initiatique sera pavé de riches pierres, plus vous tendrez vers la réussite. Elle est un combat permanent contre les fausses ambitions et les illusions perfides qui nous entourent. Il y a autant de réussites que d'êtres humains. Tous méritent une part de victoire.

Docte Humaniste, comment tendre vers l'essentiel de l'existence ?

Cette notion dépend de chacun d'entre-nous. Pour connaître l'Essentiel de votre Existence, définissez-le par la Recherche, enrichissez-le par le Savoir et sublimez-le par la Connaissance qui permettront l'épanouissement de votre Œuvre et l'accomplissement de votre Etre selon la qualité et la pertinence des plans que vous aurez tracés.

La Recherche, le Savoir et la Connaissance permettront l'épanouissement de votre Œuvre et d'approcher l'essentiel de l'existence.

Gravissez l'échelle des mystères de ce grade, vous atteindrez la clé qui ouvre les Secrets de ce grade et vous Connaîtrez.

Mot de la Tradition et Mot de Passe	Ouverture / fermeture /âge
Thot	Du temps des Ténèbres
Chercher toujours	A l'heure de la Lumière
	Age de Chercher, de Savoir et de Connaître

LE SAUTOIR ET LE TABLIER DU DOCTE

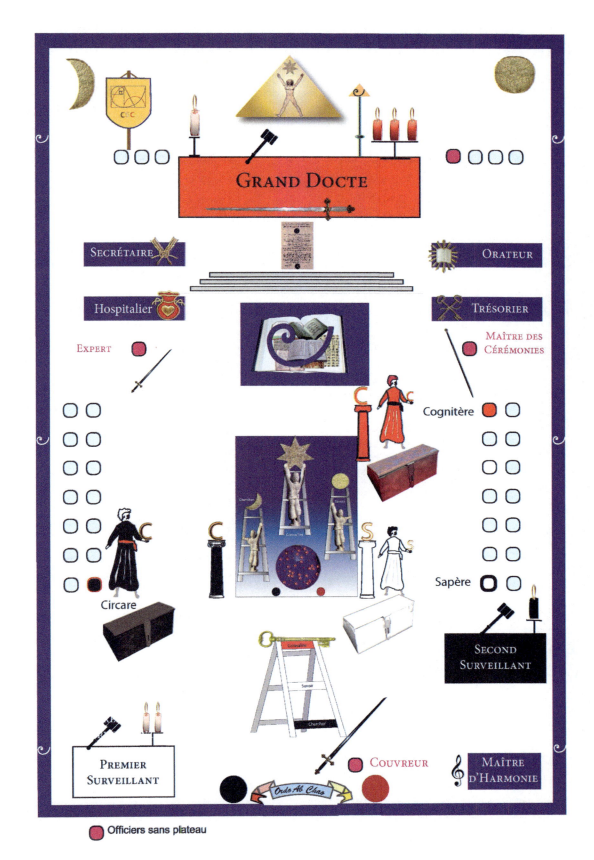

La Loge du Docte CSC

21

Le bijou en Or gravé de la Spirale de la Connaissance construite à partir du nombre d'Or

Le Secret pour Connaître

Le Secret pour Savoir

Le Secret pour Chercher

La Bannière

Ethique du Docte

- Il trace la spirale de la Connaissance à partir du nombre φ.
- Il gravit l'échelle à trois barreaux.
- Il travaille depuis le temps des Ténèbres jusqu'à l'heure de la Lumière.
- Il s'identifie à Thot et à Polymathée.
- Il Cherche, Sait et Connaît.
- Il explore dans toutes les directions de l'horizontalité à la verticalité.
- Il est homme de réalisations matérielles et spirituelles.
- Il découvre le monde, les idées et les hommes tels qu'ils sont et non tels qu'ils paraissent.
- Il définit l'essentiel de l'existence.
- Il approfondit le domaine du symbolisme et de la spiritualité.
- Il cherche sans limites, sans idées préconçues et sans préjugés.
- Il approfondit le connu, découvre l'inconnu pour transmettre sans cesse et sans fin.
- Il collecte, recueille et enregistre les informations, les idées, les actions et les réalisations des hommes.
- Il trace le plan de sa Vie comme celui de la Cité.
- Il ne laisse rien à l'imprécision.
- Il établit les origines de toutes choses.
- Il cumule et mémorise pour ne rien oublier.
- Il perçoit et ressent dans le cadre d'une intuition raisonnée.
- Il transcende les idées au delà du commun.
- Il transmute le matériel en spirituel et se projette sans cesse au delà des choses et des concepts.
- Il rêve d'un irréel mais n'aspire pas à l'impossible.
- Il dissèque et analyse le monde dans toute sa diversité et sa complexité.
- Il trace ses trajectoires du Nord au Sud, de l'Orient à l'Occident et du Nadir au Zénith.
- Il est un puits de Savoir tout en restant humble.
- Il scrute le fond des choses pour en extraire l'idée et la sublimer.
- Etc.

Quelques thèmes de réflexion

- L'intuition juste et intelligente.
- Circare, Sapère et Cognitère.
- Le tableau de Loge.
- Les décors du grade et leur symbolisme.
- Le signe et le contre-signe.
- Le symbolisme de la marche et de la batterie.
- Réussir sa Vie, réussir son Œuvre.
- Créer en toute liberté.
- Comprendre sa culture, son patrimoine, ses idées, ses rites et ses hommes.
- Discerner et raisonner en apprenant sans contrainte.
- Prêter attention à toute chose, à toute action, à tout homme.
- Pénétrer et méditer les arcanes de la Connaissance.
- Transcender les idées au delà du banal.
- Partager la spiritualité pour Connaître.
- Percevoir le non communiqué et développer l'intuition juste.
- Passer de l'immanence à la transcendance.
- Approfondir et Maîtriser son " soi ". S'enrichir spirituellement par l'initiation en appelant à la conscience, à l'esprit et à l'intelligence.
- Construire avec foi, sagesse et passion maîtrisée.
- Rejeter l'illusoire.
- Pourquoi aucun domaine ne lui est interdit ?
- Approfondir le microcosme et découvrir le macrocosme.
- Rien ne lui est prohibé dès lors que sa morale et son éthique le permettent.
- Le Savoir est un capital spécifique à l'homme.
- Dominer son métier, ses outils, ses actions, ses ambitions, ses intentions et ses projets.
- Le Chercheur et le Cherchant.
- Les parcelles du Un et du Tout
- Etc.

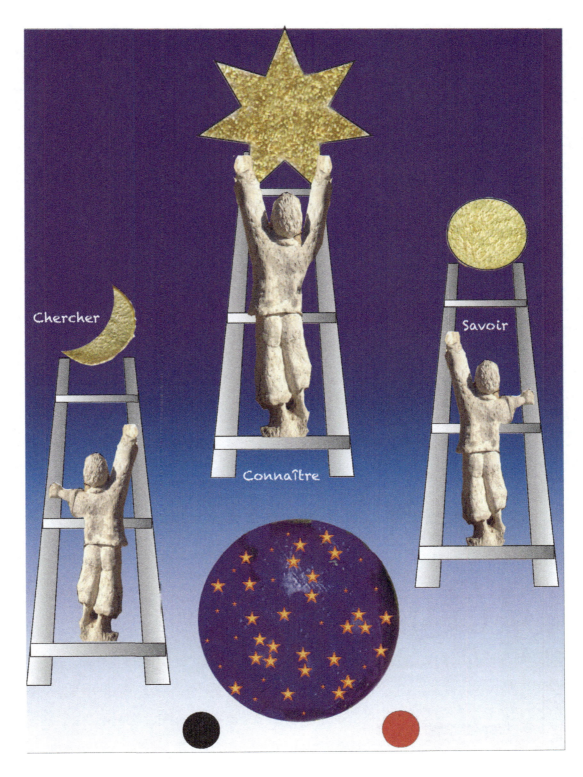

Le Tableau de Loge du Docte CSC

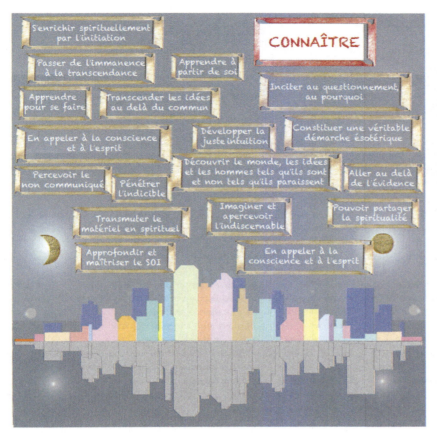

Comme Cognitère, Connaître pour bâtir une œuvre toujours plus haut et digne des hommes

Buriner l'essentiel de l'œuvre pour réussir sa Vie

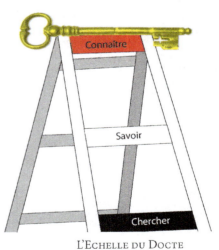

L'Echelle du Docte

Trois échelons pour atteindre la clé d'Or de la Connaissance.

22

Creator

CRÉER POUR LES HOMMES

La légende du grade

Un jeune Maçon s'approche du Puissant Creator, penché sur un plan architectural d'un concept original de construction et lui demande :

Creator, pourquoi créez-vous ? Pourquoi les hommes créent-ils ?

L'Homme en général et le Maçon en particulier se différencient des autres entités de la nature par une aptitude à construire des œuvres innovantes sous-tendues par l'intelligence. Ces réalisations respectent les équilibres et les lois de la Nature qui gouvernent également les hommes.

Une impulsion innée de surpassement, qui constitue le Principe de Création, pousse l'Être humain pensant à la création.

L'Homme a pris conscience de son intelligence et de sa puissance ce qui l'incite dans un premier temps à découvrir les lois de la nature. Dans un second temps il s'empresse de la recopier, de la surpasser en quantité et en qualité pour s'affirmer " Homme ". Il prend conscience de son existence d'Être Pensant.

La création émerge, dès les premières phases de l'histoire de l'humanité à partir de besoins et d'exigences existentielles comme la survie, la conservation, le développement de l'espèce, etc.

La nécessité des choses de la vie et les besoins vitaux forcent l'homme à innover pour résoudre et surmonter les nombreuses difficultés qu'il rencontre. Mais dès qu'elles sont maîtrisées et aplanies, l'homme crée pour l'Absolu, pour le Beau, pour sa Gloire émergeant ainsi de sa condition animale.

La création, qui dépend du regard de chacun sur le monde, représente à la fois une nécessité, un défi à la Nature et un surpassement sur soi-même. Créer pour se créer soi-même !

Pourquoi les lois de la Nature ont-elles laissé à l'Homme un espace de liberté pour ses créations ?
Pourquoi ces lois ont-elles permis à l'homme d'accéder au Savoir, à la Connaissance et à la Création ?
Dans quels domaines le Maçon crée-t-il ?

Aucun domaine intellectuel, spirituel ou matériel ne résiste au besoin de création. Aucun domaine permis par la nature ne résiste à l'ambition créatrice de l'homme.

Comme dans les constructions des Maçons innovateurs, les bâtisseurs d'une civilisation progressent concomitamment dans tous les domaines, à la fois matériels, intellectuels et spirituels.

L'homme, consciemment ou inconsciemment s'érige en un " pseudo dieu " créateur, au risque de vouloir prendre illusoirement une place équivalente dans laquelle il déméritera. Il créera tant qu'il possédera une conscience et tant que son regard métamorphose le monde.

L'homme crée dès que sa conscience s'éveille. Il s'enrichit dès lors de l'Abstrait, du Symbole et du Rite.

La nature diversifie la tâche de l'homme en mettant à sa disposition l'immatériel : le Néant, le Vide, l'Ordre et le Désordre, éléments paradoxalement essentiels à la Création.

Quelles sont les premières créations des hommes ?

Les créations matérielles que la nature ne pouvait fournir qualitativement et quantitativement aux hommes telles que les habitats protecteurs et les sépultures vénérées apparaissent comme priorité. Savoir protéger ses semblables.

Ensuite la spiritualité pénètre l'esprit des hommes pensants. La crainte, l'ignorance et l'étrangeté de spectacles de la nature ont incité l'homme à se placer sous la protection de dieux qu'il a lui-même forgés.

Dès lors, l'imagination créatrice des hommes devient un vecteur émancipateur illimité. Illimité mais jusqu'où, jusqu'à quand ? Probablement jusqu'à ce que les foudres de la nature rappellent à l'homme les confins de sa démesure.

LE SCEPTRE DU PUISSANT CREATOR

Mot de la Tradition et Mot de Passe
Franklin
Créativité

Ouverture / fermeture
L'Idée éclot
L'Œuvre est réalisée

Age
Age de l'Eveil conscient

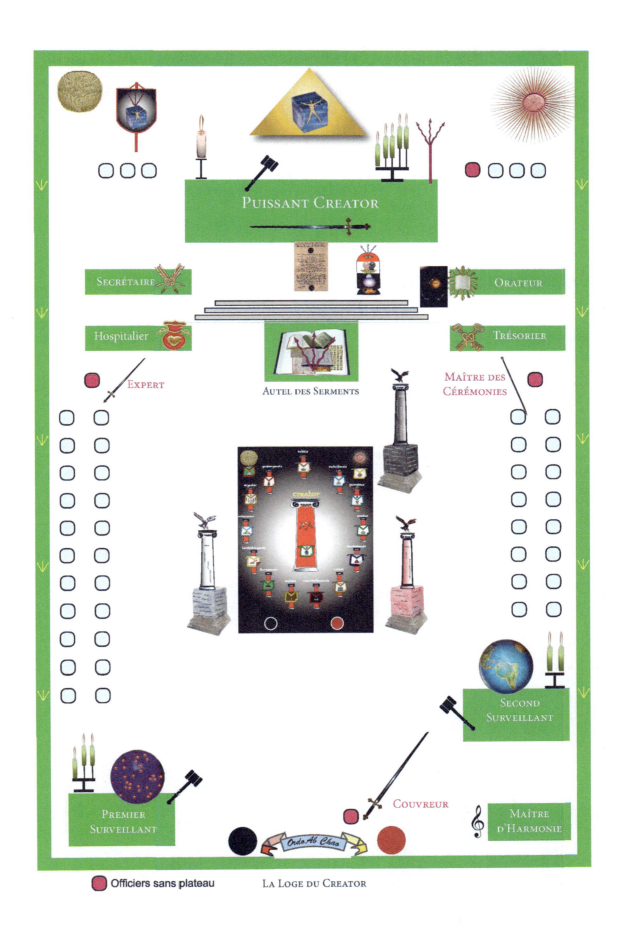

22

TENTURES

habilis
rudolfensis
gautengensis
georgicus
ergaster
erectus
antecessor
rhodesiensis
heidelbergensis
naledi
floresiensis
neanderthalensis
sapiens
creator

LE LONG CHEMIN INITIATIQUE PARCOURU PAR LES HOMMES POUR DEVENIR

" CREATOR ".

ILS SAVENT MAINTENANT CONSTRUIRE, BÂTIR ET CRÉER

Ethique du Creator

- Il enrichit le monde par ses créations.
- Il crée parce qu'il est libre, intelligent et sensible.
- Il transcende sa finitude, par la création.
- Il grave l'humanité de sa pensée créatrice.
- Il crée car il redoute l'oubli et l'éphémère.
- Il grave le futur de son empreinte.
- Il crée car il existe.
- Il crée et affirme le " Soi ".
- Il donne un sens à sa vie.
- Il est conscient.
- Il associe la main à l'esprit et l'esprit à l'œuvre..
- Il crée car il métamorphose son regard.
- Il recherche la perfection ultime dans ses œuvres.
- Il est porteur d'un principe inné de création.
- Il crée à partir de son éthique et de sa culture.
- Il garantit la liberté de créer.
- Il élabore des rites, des mythes, des légendes et des traditions.
- Il connaît les cinq Principes du Creator.
- Il possède l'Energie créatrice.
- Il crée pour se créer.
- Etc.

Quelques thèmes de réflexion

- Pourquoi l'homme crée-t-il ?
- Depuis quand crée-t-il ?
- Pourquoi la nature laisse t-elle à l'homme la liberté de créer ?
- L'homme est-il le continuum créationniste de la nature ?
- Est-il investi ou programmé par la nature pour continuer son œuvre ?
- En quoi sa création surpasse celle du monde animal ?
- Tous les domaines de la création sont-ils possibles pour l'homme ?
- L'homme est-il sur terre pour poursuivre l'Œuvre comme le sous-entend la Genèse ?
- Est-il moralement autorisé à créer dans tous les cercles ?
- La création humaine est-elle illimitée ou finie ?
- Pourquoi la nature accepte-t-elle que l'homme la surpasse dans certains domaines ?
- L'homme est-il un " pseudo dieu en création " ?
- Créer à partir du Néant, du Vide, du Chao ou de l'Ordo.
- Création, duplication et fabrication.
- La Création, l'Energie et la Lumière.
- Création, créativité et inventivité.
- La création de l'Univers et du Cosmos, demeures de l'homme.
- L'Athanor créateur.
- Etc.

LE SIGNE DU CREATOR

LA BANNIÈRE

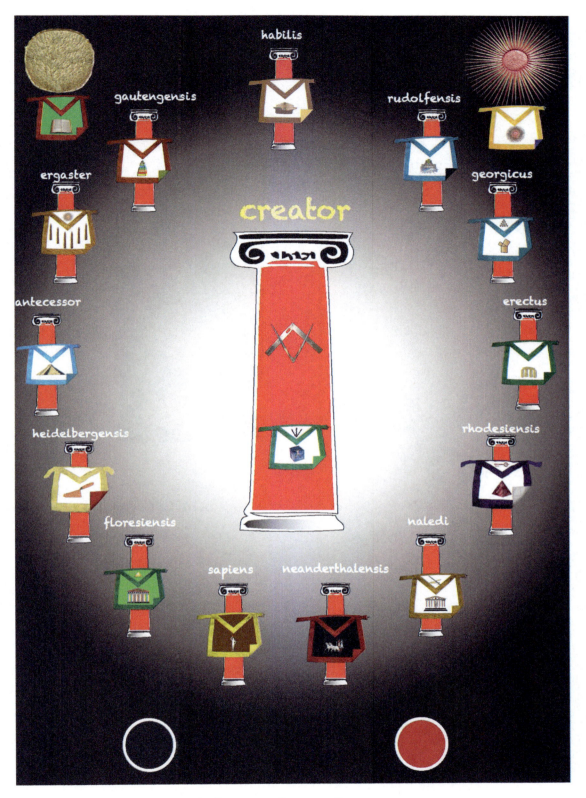

Le Tableau de Loge du Creator

L'Homme crée depuis l'émergence de son intelligence.
Sur ce tableau de Loge, des tabliers du Rite Futura s'associent à ces
grandes phases de son évolution.

22

Qu'ai-je Créé ?

Liberté de Créer

Le Principe de Création

Les trois aigles Noir, Blanc et Rouge de la Création

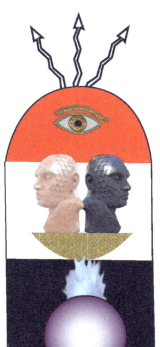

Principe de Création

Principe de Conscience

Principe d'Action

Principe d'Imagination

Principe d'Energie

Athanor du Creator

De l'Energie à la Création

L'Œuvre ascendante du Creator
du Noir au Blanc et au Rouge
Cadencée par
cinq Principes fondamentaux

La Création constitue l'aboutissement d'un long chemin Initiatique, une distillation, une sublimation.

L'idée, métamorphosée en Création

L'Intelligence, l'Energie, l'Action, la Conscience, la Réflexion et l'Imagination du Constructeur :

bases essentielles et actives de la Création

Les Trois colonnes de la Création engendrée par l'Homme

- **Créer un Monde** à partir de théories, de concepts, de modèles, d'espaces, de réponses, d'objets
- **Créer une pensée** à partir de lettres, de notes, de couleurs
- **Créer une gouvernance** à partir de lois

Le Sautoir, le Tablier et le bijou du Creator

Créer la pierre parfaite cubique, bleutée et translucide afin de s'y fondre

23

TENTURES

Sage de Vastu

TRANSMETTRE DURANT DES MILLÉNAIRES

La légende du grade

Quatre à cinq millénaires au moins, avant que l'homme ait conquis l'espace, la communauté Indo-aryenne rédigeait des textes fondateurs de la spiritualité de l'Homme : le VEDA, signifiant :

" Vision, Connaissance, Découverte, Révélation ".

La Connaissance émanant de ces textes fut transmise oralement pendant des siècles et des siècles par filiation et cooptation avant d'être écrite, bien plus tard, par les R*ISHI*, Sages de l'Inde.

Le Véda représente une pensée exclusive, dynamique, incréée et éternelle destinée à Construire. Il génère une énergie, base essentielle et active de l'Univers, destinée à façonner l'Esprit et la Création.

Le Véda ordonne aux hommes, à travers la Technicité, la Sciences, les Rites, les Chants et les Dévotions :

Écouter, Entendre et Apprendre,

bases essentielles de l'élévation de l'esprit.

La genèse du Véda est inconnue. Elle ne mentionne aucun fondateur identifié, contrairement à la plupart des religions monothéistes. Se différenciant des autres Ordres qui narrent la vie, les actions et la philosophie de leurs prophètes, les textes védiques retranscrivent le langage de la Nature et de son respect.

Une légende précise que V*YÂSA* serait l'auteur du Livre, intitulé le Mahâbhârata, qui traite du combat entre pensée positive et pensée négative.

Une science de l'architecture, nommée Vastu shastra, prenant ses racines dans le Véda millénaire se développe encore de nos jours en Inde. Cette science fondatrice concerne l'édification de bâtiments et leur implantation dans le milieu naturel (matériaux, voies d'accès, orientation, esthétique). Construire, en symbiose avec le respect des lois de l'architecture et le milieu naturel en tenant compte du Y*ANTRA*, véritable modèle graphique traditionnel de méditation basé sur la notion de symétrie.

L*E* V*ÉDA* offre à l'Homme un cheminement intellectuel, initiatique et pratique lui permettant de Bâtir, Construire et Créer.

LA BANNIÈRE

LA MÉDAILLE DU
SAGE DE VASTU

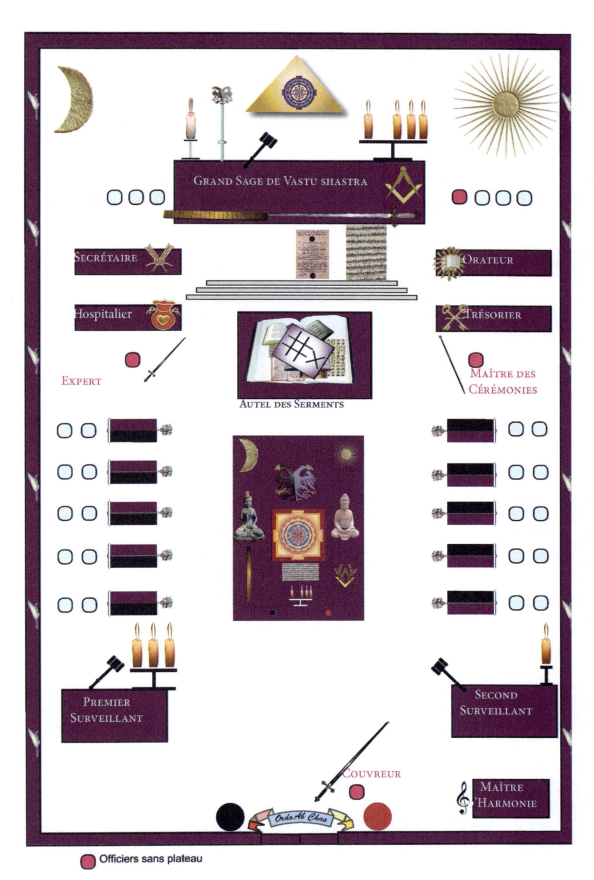

La Loge du Sage de Vastu

23

Ethique du Sage de Vastu

- Il naît deux fois.
- Il connaît les quatre périodes de la Vie.
- L'apprentissage, le mariage, la méditation et l'ascèse.
- Il relie l'esprit et le corps.
- Il est porteur du fardeau de ses actes antérieurs.
- Il cherche la libération totale de l'esprit.
- Il s'adapte à toutes les composantes du cycle de la Nature.
- Il écoute pour impulser le Savoir et la Découverte.
- Il étudie l'Astronomie.
- Il recherche la perfection des hommes.
- Il édifie des bâtiments en harmonie avec le milieu naturel.
- Il agit mais ne désire pas les fruits de son action.
- Il agit de façon désintéressée.
- Il s'arme de l'armure de la Sagesse et du bouclier de la Spiritualité.
- Il combat avec courage.
- Il valorise les symétries.
- Il n'a aucun gourou
- Etc.

Quelques thèmes de réflexion

- La genèse du Veda.
- Le Vastu shastra, architecture millénaire.
- Le pari de Pascal est-il compatible avec le Veda ?
- Le Yantra, l'Architecture et le milieu naturel.
- Vision, Connaissance, Découverte, Révélation.
- Les fondements de la spiritualité des hommes.
- Oralité et Ecriture.
- Le Sacrifice.
- Le Veda et la connaissance scientifique.
- Transcrire le message de la Nature.
- Le Veda, l'Homme et Dieu.
- Surveiller les rites en les faisant évoluer.
- Les castes sociales et culturelles.
- Vivre en errance et faire la quêter
- Vyâsa et Mahâbhârata.
- Le Veda exlut la réincarnation.
- Valeur et limites de l'astrologie du Veda.
- Indra, Seigneur de la guerre et Dieu de la foudre.
- Le Veda est-il inégalable et éternel ?
- L'ignorance, cause principale de la faiblesse humaine.
- La réalité n'est pas ordonnée par les sens.
- Le Soma, breuvage sacré du Vedisme.
- Le bijou du Grade.
- • Le Veda, l'Equerre, le Compas et la Règle.
- • Quatre à cinq mille ans déjà.
- • Les symétries méconnues du Veda.
- • L'aumône est-elle libératrice ?
- Etc.

Le sceptre du Sage de Vastu

Mot de la Tradition et Mot de Passe
Vyâsa (auteur de textes)
Révélation

Ouverture / fermeture
L'heure de la transmission orale
L'heure de la transmission écrite

Age
4 ans (les quatre périodes de la vie d'un homme

Le Tableau de Loge du Sage de Vastu

23

Le Tablier et le sautoir du Sage de Vastu

4

- coups de la batterie
- pas de la marche
- pressions de la main
- millénaires au moins
- parties du Veda
- structures sociales
- périodes de la vie
- textes fondamentaux des Çruti
- ordres de symétrie
- étoiles sur le plateau
- spécificités : Vision, Découverte, Connaissance, Révélation
- pensées : exclusive, incréée, dynamique et éternelle

Six personnages pour construire et protéger le monde par une pensée exclusive, dynamique, incréée et éternelle.

Comment protéger et construire son monde ?

L'Intelligence, la Sagesse, la Réflexion et l'Imagination du Constructeur : bases essentielles et actives de la Création

174

Constuire la symétrie avec Vastu shastra

Le Cosmos, l'Univers et l'Homme sont-ils symétriques ?

La Recherche de la Symétrie n'est-elle pas une forme de recherche de la perfection ?

La pensée de l'homme, et l'œuvre du créateur sont-elles symétriques ?

Symétriques par rapport à quel élément ?

Symétrie illusoire. Le monde n'est-il pas en partie une illusion ? Comment voir le Vrai ?

Comment assembler les différences tout en créant un espace harmonieux et symétrique ?

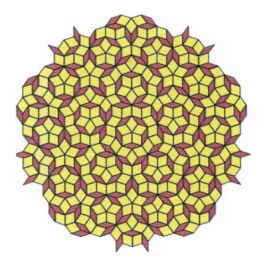

Le Bijou du Sage de Vastu
Symbole de la pseudo symétrie binaire

La nouvelle symétrie d'ordre 5 qui bouleverse les habitudes et les conventions humaines et architecturales classiques

Dès que l'homme cherche, l'impossible d'hier peut devenir le possible d'aujourd'hui

Sage du Temple
Construire son Temple

La légende du grade

Moïse, enfant de la tribu de **Levi**, fils d'**Amram** et de **Jocabed**, naquit en Egypte dans une période de persécution au cours de laquelle, sur décret du **Pharaon**, tous les enfants mâles juifs étaient jetés dans le Nil. Par hasard, il fut sauvé par la fille de Pharaon qui l'hébergea et l'éduqua au palais Royal jusqu'à l'âge adulte. Cette vie princière ne l'empêcha pas de prendre conscience de son origine juive et de souffrir terriblement de l'oppression pharaonique qui écrasait sa tribu et ses frères et empêchait toute construction.

Il fut le témoin d'une bastonnade donnée par un Egyptien à un des ses congénères, heurtant profondément ses convictions, acte qu'il ne put laisser impuni. S'emportant, il tua le coupable et dut s'exiler dans le désert de Madiam par crainte de représailles de **Pharaon**.

Alors qu'il conduisait son troupeau dans l'immensité aride et brûlante du Sinaï, il eut une révélation et la vision d'un buisson enflammé à partir duquel une voix solennelle lui suggérait de libérer son pays et re construire son peuple.

Prétextant de son inexpérience oratoire le Sage refuse cette mission mais, accompagné de son frère **Aaron**, il accepte finalement ce mandat. Il retourne en Egypte pour rassembler et désenchaîner son peuple. Afin d'en obtenir satisfaction, Il menace **Pharaon** de dix plaies qui s'abattront sur son empire. Il obtient finalement la libération de son peuple.

Le Sage accompagné de ses disciples entame un exode vers la Terre d'Espérance. Pourchassés par les armées égyptiennes, ils franchissent la mer des Joncs qui s'ouvre devant eux mais qui se referme immédiatement et engloutit les poursuivants.

Pendant quarante ans, le Sage guide, enseigne et élève spirituellement ses frères. Malgré les diverses rébellions internes et externes et les difficultés qu'il rencontre, le Sage persévère par amour de son peuple.

Durant cette migration, gravissant le sommet du mont Sinaï, Il reçoit la communication du Décalogue qu'il transmet à sa communauté.

Le Sage s'éteint, sur les pentes du mont Nébo. Il venait à peine d'atteindre l'orée de la Terre d'Espérance et de fonder un véritable peuple. Il fut un grand Bâtisseur de Lois, un Constructeur de Liberté et le Créateur d'une haute Spiritualité.

Mot de la Tradition et Mot de Passe
Freud
Promettre

Ouverture / fermeture
L'Eau du Nil porte la Vie
Le mont Nébo est atteint

Age
120 ans

Bijou

Un aigle pour six compas

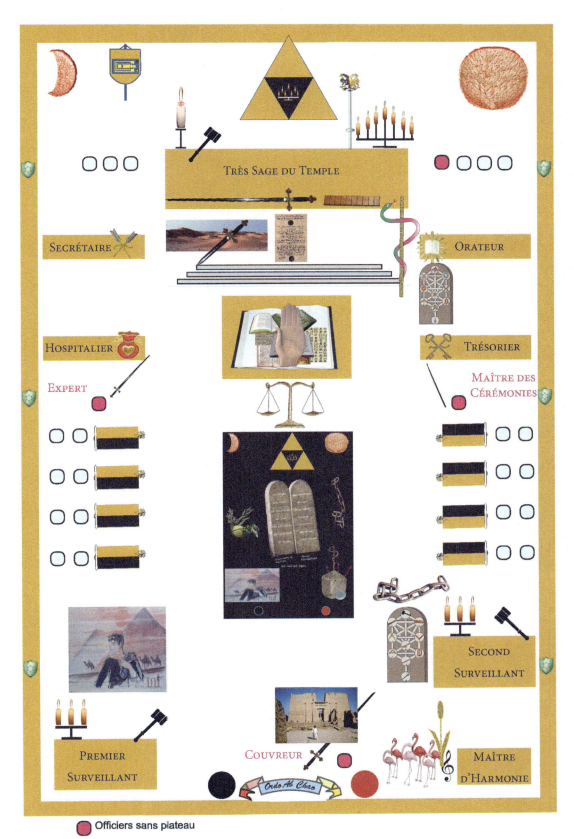

La Loge du Sage du Temple

24

LE BÂTON ET LE SERPENT

LA CHAÎNE À DIX MAILLONS.

LE SYSTÈME DÉCIMAL REDÉCOUVERT ET OMNIPRÉSENT

LA BANNIÈRE

Ethique du Sage du Temple

- Il fait acte de générosité.
- Il ignore la vengeance.
- Il prône l'Egalité entre hommes et femmes.
- Il respecte l'étranger.
- Il porte assistance aux faibles.
- Il honore les anciens.
- Il enseigne.
- Il valorise ses collaborateurs.
- Il respecte la véracité de l'information.
- Il châtie avec humanité.
- Il est démocrate, seule forme équitable de gouvernance.
- Il évite les conflits.
- Il recherche l'unité de l'humanité.
- Il connaît Josué.
- Il approfondit l'Ancien Testament.
- Il se protège du bouclier du grade.
- Il sait commander avec discernement.
- Il écoute, analyse et découvre.
- Il n'est rien, rien d'autre que le serviteur de ses frères.
- Il est humble berger capable de mener son peuple vers l'Espérance.
- Il frappe le rocher de Meriba.
- Il gravit le mont en quête de la Lumière.
- Il vit pleinement son Serment de Sage.
- Il porte humblement les attributs du grade.
- Il bâtit une Loi, l'applique et la respecte.
- Il éclaire son chemin et ses constructions par la Connaissance.
- Il prodigue la bienfaisance.
- Etc.

Quelques thèmes de réflexion

- Les nombres du Sage du Temple.
- Et l'Eau jaillit de la pierre. De l'imaginaire au réel ; rendre possible l'impossible et concevoir l'inconcevable.
- Les quatre végétaux. Unir les différences en un faisceau fécondant.
- La main d'un Créateur.
- La chaîne à dix maillons.
- Le Bijou du Sage du Temple.
- Cent-vingt ans.
- Le désert, havre de spiritualité.
- Un serpent s'enroule autour d'un bâton.
- Deux triangles inversés et sept étoiles bleues.
- La Balance.
- Du Nil au mont Nébo. L'histoire d'un peuple.
- Les nombres du Sage du Temple.
- Poursuivre sa mission jusqu'à l'achèvement.
- Ne rien laisser de figé définitivement.
- Etre fils de l'Univers.
- Les trois arbres.
- Toujours plus haut, plus loin, plus près.
- Pour bâtir un Peuple, rester toujours un homme Libre, Conscient et Charitable.
- Est esclave celui qui n'a aucune espérance ou qui se contente de son sort.
- Sauvé des Eaux.
- Je suis celui qui je suis ! Je suis qui je serai.
- Les dix plaies qui s'abattent sur le royaume.
- Les prophéties, les prédictions et les modèles.
- De la chaîne à dix maillons à la Chaîne d'Union.
- Etc.

Romps les entraves des Hommes

Le Tableau de Loge du Sage du Temple

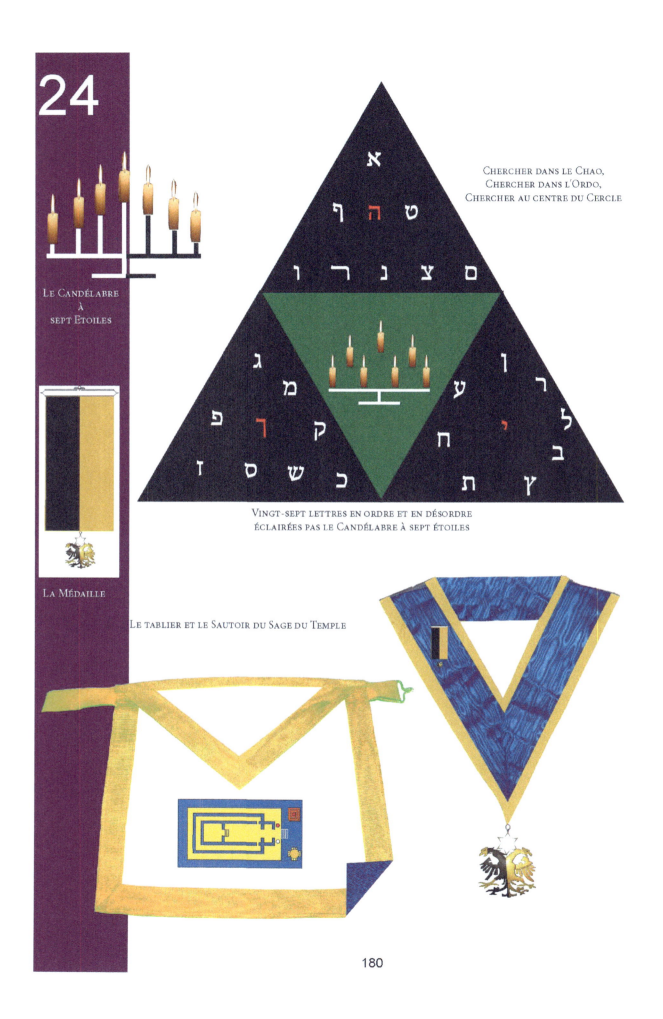

Messages gravés sur un mur construit par l'homme pour parfaire son Chemin Initiatique

24

Le Temple
La Coupe
La Crécelle
Le Candélabre
Les 4 Espèces

La Loi
Le Mezouzah
Le Chapeau
Le Châle
Le Cor

La Toupie
Le Pain
Les Phylactères
Le Mur
Le Livre

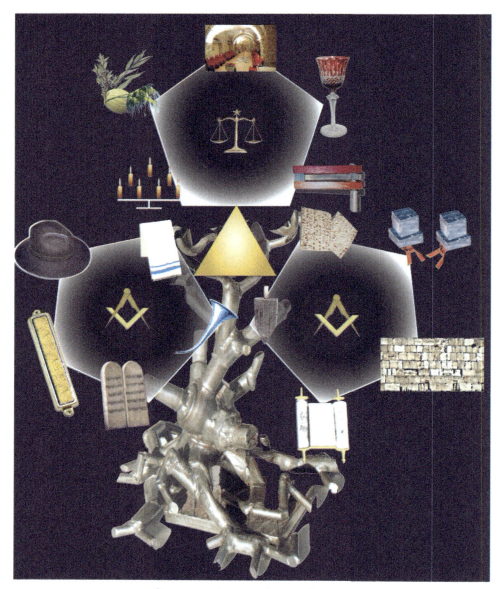

Le premier Arbre du Sage du Temple.

Un Tronc inaltérable
Trois Branches pentagonales
Cinq rameaux porteurs d'un message
Quinze Symboles pour construire un Homme

Faut-il apprendre pour Créer
ou bien
Créer pour Apprendre ?

Tout est sacré
pour certains
regards

Rien n'est sacré
pour d'autres.

Les dix premiers outils du maçon pour construire un homme   Les dix premières fonctions du maçon pour construire une éthique

L'Arbre de Vie du Sage du Temple

Le deuxième Arbre du Sage du Temple.   Le troisième Arbre du Sage du Temple.

Les dix premiers outils pour ériger un Homme

Les dix premières fonctions pour construire une éthique

BOUCLIER DE LA VICTOIRE

Orné d'une étoile composée de six compas d'or ouverts à 60° gravée sur le bouclier des soldats victorieux.

Pour le Sage du Temple, cette protection symbolise les victoires spirituelles conquises sur lui-même.

Sage de Persépolis
Construire par les lois de l'equilibre

La légende du grade

Le mazdéisme et son approche polythéisme imprégnaient les constructions matérielles et spirituelles de la Perse ancienne de leur spiritualité jusqu'à l'instant où un prophète ZARATHOUSTRA, également nommé ZOROASTRE réforme cette religion et la transforme en monothéisme. Initialement orale, Zarathoustra la sacralise au cours d'une succession de textes " l'Avesta ".

ZOROASTRE, à travers son dieu AHURA MAZDA, induit des directions de recherche assimilées à la force constructrice de l'Univers générant quatre éléments insouillables, inviolables et vénérés : Feu, Air, Terre et Eau, fondements spirituels de toute construction.

Afin de donner un sens à son dieu, ZARATHOUSTRA le définit en quatre approches interrogatives : « Qui génère la course du Soleil et des étoiles ? Qui vivifie les plantes ? Qui provoque l'ombre et la lumière ? Qui crée l'aurore, le crépuscule et la nuit ?

ZARATHOUSTRA ne réclame ni adoration ni intermédiaire pour AHURA MAZDA. Il considère que la Nature guide les actes des hommes selon une trilogie : Humata, Hukhta et Huvarshta (bien penser, parler juste et agir correctement). ZOROASTRE construit une nouvelle spiritualité axée sur l'action et la réaction : le bien entraîne le bien et le mal induit le mal. L'homme détermine librement sa Construction Intérieure en choisissant de façon consciente et libre entre le bien et le mal.

Pour lui, les hommes sont voués à cohabiter entre le bien et le mal. Il choisit toujours le bien et la droiture afin de construire le monde des hommes.

D'après ZOROASTRE, l'Homme reçoit, bien avant sa naissance, un souffle impalpable qui continuera de l'accompagner après la fin de sa vie matérielle. Le Faravahar symbolise ce principe.

Les hommes dignes, après leur mort, franchissent le pont de Chinvat qui les mène à la Maison des Chants, source de Lumière. Les autres hommes sont condamnés à la Maison du Druj (l'enfer).

Particulièrement proches de la Nature, les adeptes de ZOROASTRE fêtent le début de l'année, le jour de l'équinoxe du printemps le 21 mars de chaque année : le Naurüz qui engendre les constructions nouvelles.

Vénérant le Feu, les Zoroastriens, grands constructeurs, ont bâti de nombreux Temples au cœur desquels cet élément resplendit dans une pièce obscure. Ainsi, le feu n'entre jamais en contact direct avec la lumière ce qui évite toute confrontation. Certains de ces foyers brûlent dans des creusets d'airain, sans interruption depuis près de trois millénaires.

Les Maisons du Silence construites par les adeptes de ZOROASTRE, reçoivent les corps des défunts afin de leur assurer une paix éternelle. Dans ces bâtisses, leur enveloppe charnelle n'entrera jamais en contact avec les quatre éléments vénérés : Feu, Air, Terre et Eau et ne les souillera jamais.

ZARATHOUSTRA **construit matériellement et spirituellement.**

Mot de la Tradition et Mot de Passe
Zarathoustra
Faravahar

Ouverture / fermeture
L'Equinoxe du Printemps
L'Equinoxe d'Automne

Age
21 ans

Le Bijou

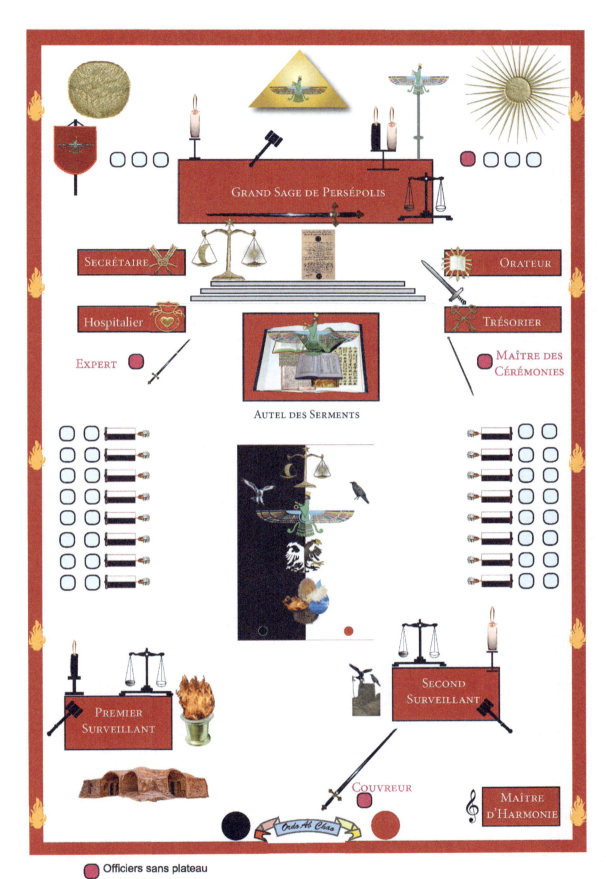

La Loge du Sage de Persépolis

25

Ethique du Sage de Persépolis

- Il reconnaît l'Egalité des hommes et des femmes.
- Il rejette l'esclavage et la soumission de l'être humain.
- Il magnifie les récoltes et en bénéficie.
- Il rejette toute idée de paresse.
- Il ne vit jamais aux crochets d'autrui.
- Il vit selon ses efforts.
- Il prohibe l'idolâtrie, l'adoration de la pierre, ou de tout lieu construit.
- Il n'opprime pas les hommes.
- Il ne commet aucun mal ni sacrifice à l'égard des animaux.
- Il refuse le mensonge.
- Il respecte la nature et préserve la pureté matérielle et spirituelle de l'Eau, de la Terre, de l'Air et du Feu qu'il sacralise.
- Il prêche la morale.
- Il réforme dans la Tradition.
- Etc.

Quelques thèmes de réflexion

- Le Faravahar est posé sur les Livres.
- Le Tableau de Loge de Zoroastre.
- La Table Equinoxiale.
- Les Tours du Silence et la Perfection.
- Le Zéro et le Un. Quelle dualité ?
- La Balance équinoxiale et l'Equilibre de la Nature.
- Les quatre éléments sacrés.
- L'Aigle Bicéphale, le bijou et la médaille.
- Tout est Vie, Equilibre, Spiritualité et Génération.
- L'Absolu.
- Les potentialités des Equinoxes.
- Qui génère la course du Soleil et des Etoiles ?
- Ombre et Lumière.
- Le pont de Chinvat.
- Le Naurüz.
- Bonne Pensée, Bonne Parole, Bonne Action.
- Ni adoration, ni intermédiaire.
- Humata, Hukhta et Huvarshta.
- Juger selon les mérites.
- Le libre choix selon sa conscience impartiale.
- Etre Homme à Persépolis.
- Les plans sont tracés.
- Agir et réagir.
- Etc.

Le Feu perpétuel dans le creuset d'Airain

Le Tablier et le sautoir du Sage de Persépolis

La médaille du Sage de Persépolis

Le Tableau de Loge du Sage de Persépolis

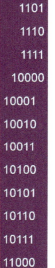

0	0000
1	0001
2	0010
3	0011
4	0100
5	0101
6	0110
7	0111
8	1000
9	1001
10	1010
11	1011
12	1100
13	1101
14	1110
15	1111
16	10000
17	10001
18	10010
19	10011
20	10100
21	10101
22	10110
23	10111
24	11000
25	11001
26	11010
27	11011
28	11100
29	11101
30	11110
31	11111
32	100000
33	100001

Les 33 degrés du rite Futura transcrits en système binaire

La dualité dans la pensée intelligente.
Penser Noir, penser Blanc
Penser le Un, penser le Zéro
Unir les contraires pour construire

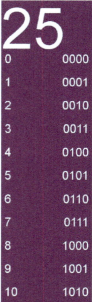

La dualité de Zoroastre

La dualité de l'Équilibre

L'équilibre stable du triangle sur sa base

L'équilibre instable du triangle sur son sommet

Savoir unir les différents équilibres pour construire le Monde Réel

La Cérémonie d'Equinoxe

Pour Zoroastre, Tout est Construction, Equilibre, Génération et Spiritualité

LA TABLE EQUINOXIALE DU SAGE DE PERSÉPOLIS

LA TABLE EQUINOXIALE RAPPELLE QUE POUR L'HOMME TOUT EST VIE, EQUILIBRE, GÉNÉRATION, CONSTRUCTION ET SPIRITUALITÉ ; QUE L'ORDRE NATUREL DE SES FONCTIONS DÉBUTE PAR LA SUBSISTANCE, SUIVI DE LA REPRODUCTION ET ENFIN DE LA CONSTRUCTION ET DE LA SPIRITUALITÉ.

- LA TABLE EQUINOXIALE OU TABLE PERSE DE ZARATHOUSTRA EST RECOUVERTE D'UN DRAP MI-NOIR (POUR SYMBOLISER LA NUIT) ET MI-BLANC (POUR SYMBOLISER LE JOUR).
- SUR LA LIGNE QUI SÉPARE LE NOIR DE LA NUIT ET LE BLANC DU JOUR, SEPT OBJETS SYMBOLIQUES SUGGÉRANT LA NOTION D'EQUILIBRE.
- SUR LA PARTIE NOIRE DU DRAP SONT DÉPOSÉS SUR UN PLATEAU SEPT ÉLÉMENTS SYMBOLISANT L'ÉQUILIBRE BIOLOGIQUE DE L'HOMME.
- SUR LA PARTIE BLANCHE DROITE SONT PLACÉS SEPT ÉLÉMENTS SYMBOLISANT LA FERTILITÉ.
- SUR LE BAS, SEPT SYMBOLES DE LA CONNAISSANCE.

25

Faravahar,

Il symbolise le Zoroastrisme et représente le gardien spirituel de tout homme. Son visage rappelle les profils assyriens. Il est généralement coiffé d'une tiare. Sa main droite levée confirme son unicité et sa main gauche tient un cercle unissant les peuples. La partie inférieure du corps est constituée d'une jupe rappelant une queue de vautour. Les trois niveaux des ailes et de la jupe invoquent les trois principes zoroastriens : Bonne Pensée, Bonne Parole, Bonne Action. De la jupe partent deux volutes, l'une à l'avant renvoie aux bons comportements à suivre, l'autre à l'arrière aux mauvais comportements à rejeter.

Le Sceptre du commandement

L'homme dual de Zoroastre

La Tour du Silence afin que rien n'altère le Sacré des quatre Eléments

Le cyprès de Zoroastre symbolise le Bien qui lutte perpétuellement contre le Mal

Maisons du Feu, village zoroastrien

Vendidâd de l'Avesta

Exemple d'une page de Vendidâd de l'Avestâ (976 calendrier Yazdgerd) (N. 11263), Bibliothèque centrale de l'Université de Téhéran

La balance équinoxiale du Sage de Persépolis permet de vérifier l'équilibre des concepts et des pensées.

Zarathoustra possédant l'Univers

Tout homme possède en lui l'Univers

Tout homme compose l'Univers

Tout homme est l'Univers

26 Sage de Hangu
TRANSMETTRE AU-DELÀ DU TEMPS

La légende du grade

LI EUL, surnommé LAO TSEU vit le jour dans le hameau de Khio-Jin situé dans le district de Khou, plus de deux mille cinq cents ans déjà.

La légende dit que sa mère, l'impératrice XIANTIAN se reposant sous un prunier, devint enceinte suite à l'émotion qu'elle aurait eu en voyant une étincelante étoile filante qui lui aurait transmis le souffle vital. A cet instant elle aperçut un dragon volant.

La grossesse dura soixante-douze ans. Lorsque LAO TSEU vint au monde par le côté gauche de sa mère, sa tête était couverte de cheveux blancs et ornée d'une volumineuse barbe, ce qui lui valut le nom de LAO (vieux). A cet instant une comète déchira le ciel pendant que neuf dragons jaillirent de terre pour immerger le nouveau-né dans l'eau pure de la rivière. Il portait de longues oreilles, signe de sagesse.

Durant les années suivantes, le Sage conçoit un modèle de pensée philosophico-religieux basé sur la recherche de l'harmonie entre l'Homme, la Nature et l'Equité. Le monde est bicéphale dont chaque partie est le complément de l'autre. Le concept du Yin et du Yang prenait forme et allait nourrir la pensée de centaines de générations.

A soixante ans, désabusé par les polémiques politiques et par la décadence de la dynastie TCHEOU, il quitte le pays en enfourchant un buffle. Il se dirige vers la passe de Hangu qui délimite la frontière ouest de son pays Zhou. A cet endroit, il est sollicité par YIN XI, le gardien du lieu pour rédiger une empreinte indélébile de ses pensées et qui lui dit « puisque vous voulez vous ensevelir dans la retraite, je vous demande instamment de composer un livre pour mon instruction ».

Suite à cette requête, LAO TSEU rédigea le Tao Tö King, texte fondateur de plus de cinq mille caractères dont les deux parties constituent l'Œuvre nommée " Voie et Vertu ".
Puis LAO TSEU s'évanouit dans la nature, ne laissant aucune trace de lui-même.

Le Taoïsme constitue un grand courant spirituel qui a généré une religion ritualiste fondée sur le culte de LAO TSEU, philosophe devenu dieu.
Pour LAO TSEU, le Tao, qui est une voie, un chemin spirituel immuable, définit les origines des éléments et des êtres de l'Univers et répond aux questions existentielles de l'Homme.
Le Tao éclaire depuis plus de deux millénaires des générations entières d'hommes.

Ouverture / fermeture
La Comète apparaît
Le Sage disparaît

Age
9 ans (en référence aux 9 dragons)

Mot de la Tradition et Mot de Passe
Yin Xi
Voie et Vertu

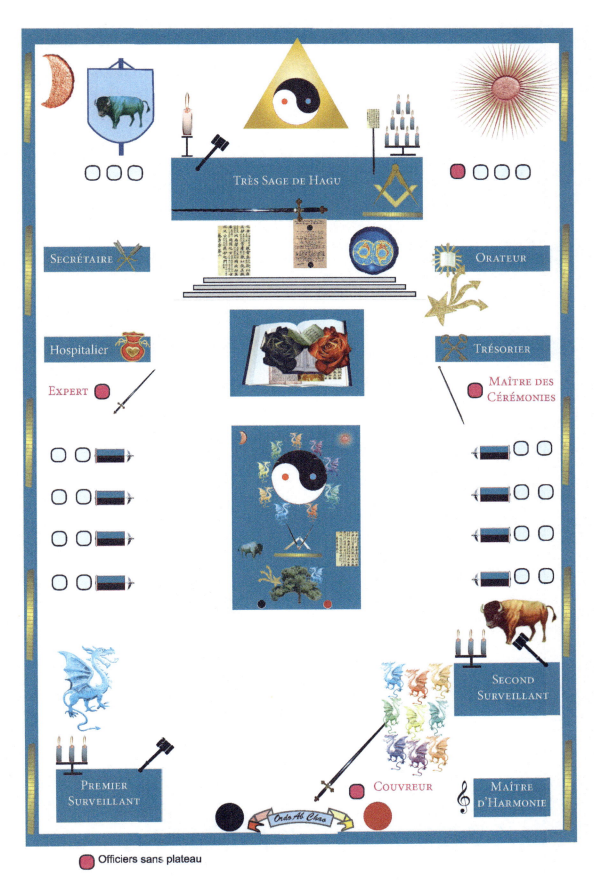

La Loge du Sage de Hangu

Ethique du Sage de Hangu

- Il voit sans regarder.
- Il critique la force et l'affirmation.
- Il donne aux hommes et s'enrichit.
- Il est riche car il se satisfait de ce qu'il possède.
- Il n'est pas coupable de ses erreurs, c'est son ignorance qui l'est.
- Il recherche un idéal d'insouciance, de liberté, du refus de contingences sociales.
- Il est en harmonie avec les variations permanentes de la Nature.
- Il n'engage rien qui soit contraire aux lois de la Nature.
- Il se défait de son tempérament fier et de ses désirs matériels superflus.
- Il excelle à activer le souffle et repousse les maux.
- Il renonce à l'orgueil et se dépouille des fastes brillants et inutiles.
- Il se débarrasse du luxe et écarte les honneurs.
- Etc.

Quelques thèmes de réflexion

- La Vertu est-elle l'effet du Tao ?
- Le vide est essentiel ; il remplit la fonction du contenant.
- La richesse appelle la trahison.
- Le non-agir évite la sur-réaction et constitue un modèle efficace de gouvernance.
- Le Sage peut découvrir le monde sans franchir sa porte.
- Les hommes diffèrent dans la vie mais sont semblables dans la mort.
- Le vide et le plein passent de l'un dans l'autre.
- Celui qui sait ne parle pas ; ceux qui parlent ne savent rien.
- De l'homme mort, ne reste que ses maximes et ses réalisations.
- Etc.

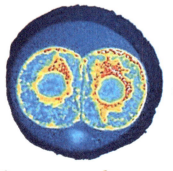

Le Yin, le Yang

et la division cellulaire

Le Tableau de Loge du Sage de Hangu

26 Le Créateur et Lao Tseu

Le cercle mi-noir mi-blanc et deux diamètres perpendiculaires

Le carré inscrit dans le cercle

Fractionner en quatre carrés

Tracer cinq cercles identiques

Tracer deux petits cercles sur le diamètre du cercle de départ

Colorer les cercles

Créer le Yin, le Yang et la spiritualité à partir de la Règle et du Compas du Maçon

Savoir aimer différemment

Savoir sortir de ses habitudes

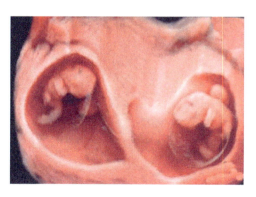

Savoir Créer, le Yin et le Yang dès le début de la Vie

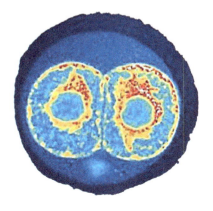

Le Tablier du Sage d'Hangu

Le Sautoir du Sage d'Hangu

La Médaille

Le bijou du Sage d'Hangu

26 — Le Constructeur et Lao Tseu

LE TAO TÖ KING

LA COMÈTE

- 1 - Cohérence avec le milieu
- 2 - Equilibre et déséquilibre
- 3 - Tout dépend de tout
- 4 - Bipolarité et dépendance
- 5 - Exemplarité et mimétisme
- 6 - Penser les lois de l'Univers
- 7 - Diversité dans l'Unité
- 8 - Respect de la Nature
- 9 - Tempérance
- 10 - Equilibre raisonné
- 11 - Simplicité
- 12 - Œuvrer pour son Idéal
- 13 - Instinct, Intuition et Action
- 14 - Bienveillance
- 15 - Vérité Intérieure et action extérieure
- 16 - Vivre le Beau
- 17 - Réussite
- 18 - Réalité et adaptabilité

L'Espace — L'Homme constructeur — La Terre

STELLE DANS LE HENANT. LIEU DE RENCONTRE DE CONFUCIUS ET LAO TSEU AU SUJET DES RITES.

Le Bâtisseur et Lao Tseu

Sage de Qufu
TRANSMETTRE LE SAVOIR ET LA CONNAISSANCE

La légende du grade

A Zou dans l'Etat de Lu en Chine, naissait *Maître KONG* nommé *KONZI* ou *KONGFUZIPLUS* plus tard appelé *CONFUCIUS*.

Sa naissance se serait accompagnée d'une succession d'événements extraordinaires : une licorne prédisait sa naissance ; sa mère *ZHENG ZAI* vomit une tablette de jade ; deux dragons se posèrent sur le toit de la maison ; cinq vieillards qui honoraient les cinq planètes pénétrèrent dans la cour familiale ; des chants ineffables résonnèrent dans les alentours ; des voies célestes prophétisèrent la naissance d'un " Vénérable Fils ".

Dès l'âge de trois ans *CONFUCIUS* et sa famille connaissent la misère mais à force de persévérance, dès l'âge de dix-sept ans, il devint précepteur et enseignant, période au cours de laquelle il développa le goût des livres et des rites.

Afin d'approfondir les rites de deuil, il rencontra plus tard, *LAO TSEU*. A la suite de cette rencontre hors du commun, un silence méditatif envahit *CONFUCIUS* pendant trois jours.

Il décida de partir durant quatorze ans à la recherche d'un seigneur susceptible de l'écouter, puis retourna à ses racines à Zou.

Il mourut à l'âge de 72 ans. Ce décès provoqua un véritable phénomène de société.

CONFUCIUS place l'homme au centre de ses préoccupations excluant les esprits et la mort. Son œuvre n'est pas une religion mais une morale initiatique positive consolidée par les rites et la sincérité basée sur la rectitude et l'étude. Il veille à ce que les hommes aient un esprit critique et une réflexion personnelle. Toutes les qualités du Bâtisseur.

Son message doctrinal s'appuie sur quatre concepts :

- former l'homme à la gouvernance ;
- trouver en soi le Ren, force intérieure qui constitue l'essence du constructeur ;
- gouverner par la vertu ;
- fonder une éducation et d'une éthique élitistes ouvertes.

Au cours des siècles, la doctrine de *CONFUCIUS* structura profondément les concepts politiques, économiques, culturels et plus encore ceux de l'éducation et de l'éthique.
Il imprima l'idée humaniste d'un gouvernement, fondé sur :

Education, Mérite et Vertu.

Ouverture / fermeture
Le Livre s'ouvre
Le Livre se transmet

Mot de la Tradition et Mot de Passe
Zheng Zai
Education - Ethique

Age
72 ans   ($2^3 \times 3^2$)

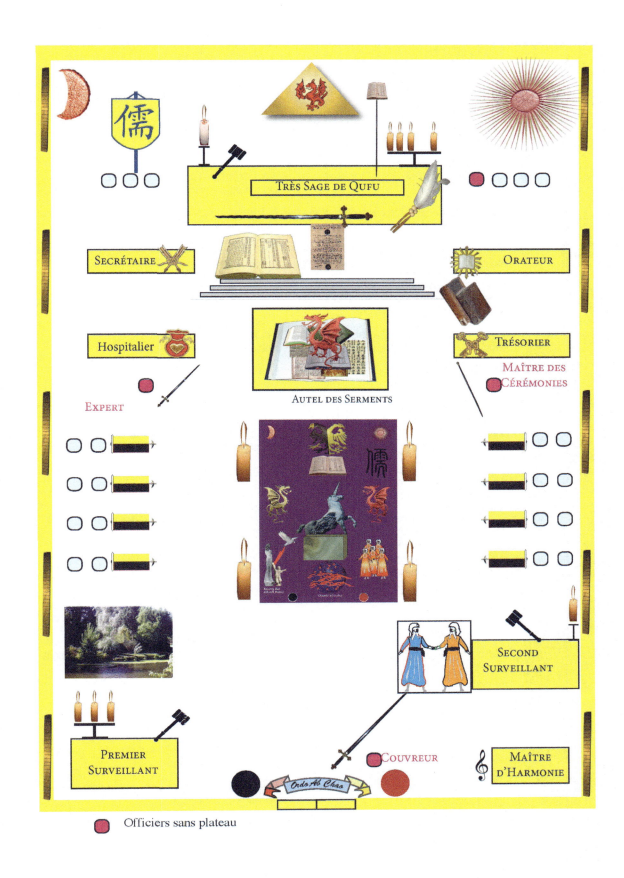

La Loge du Sage de Qufu

27 Ethique du Sage de Qufu

- Il attend tout de lui-même contrairement à l'homme de peu qui attend tout des autres.
- Il est proche de la vertu suprême car il est ferme, simple, décisionnel et réfléchi.
- Il écoute et choisit entre les avis, voila le premier pas de la connaissance.
- Il est supérieur car il aime à être lent dans ses paroles, mais rapide dans ses actions.
- Il interroge raisonnablement, écoute avec attention, répond sereinement et se tait quand il n'a rien à dire.
- Il ne change pas lorsque l'objectif est difficile. Il cherche un nouveau chemin.
- Il préfère allumer une bougie plutôt que de maudire l'obscurité.
- Il sait s'adapter aux circonstances, comme l'eau prend la forme du récipient qui la contient.
- Il exige beaucoup de lui-même et attend peu des autres.
- Il se demande à lui-même la cause de ses fautes contrairement à l'insensé qui la demande aux autres.
- Il hait les hommes de basse condition qui dénigrent ceux qui sont d'une condition plus élevée.
- Il connaît les rites de deuil.
- Il est aussi constructeur de l'imaginaire.
- Etc.

La médaille le Sautoir et le Tablier du Sage de Qufu

Quelques thèmes de réflexion

- Répondre à l'inimitié par la rectitude, et à la Vertu par la Vertu.
- Ne pas craindre de rester méconnu des hommes, craindre plutôt de les méconnaître.
- Il domine sa colère donc il triomphe sur son pire ennemi.
- L'expérience est une lanterne que l'on porte sur le dos et qui n'éclaire jamais que le chemin parcouru.
- Deux au cube multipliés par trois au carré.
- Prenez trois passants au hasard, un des trois pourra certainement vous apprendre quelque chose.
- L'homme supérieur c'est celui qui d'abord met ses paroles en pratique et ensuite parle conformément à ses actions.
- Les vices arrivent comme des passagers, nous rendent visite comme des hôtes et s'installent comme des maîtres.
- L'ignorance est la nuit de l'esprit, mais une nuit sans lune ni étoiles.
- Donne un poisson à un homme et il mangera un jour. Apprend-lui a pêcher et il mangera toute sa vie.
- La nature fait les hommes semblables, la vie les rend différents.
- L'homme qui a commis une erreur et ne la corrige pas commet une erreur encore plus grosse.
- Celui qui, le matin, a compris les enseignements de la sagesse, peut, le soir, mourir content.
- L'homme le plus noble a un esprit large et sans préjugés.
- L'Education, source de Vertu.
- Chaque chose a sa beauté, mais tout le monde ne peut pas la voir.
- Aller un peu trop loin est aussi mauvais que ne pas aller à l'essentiel.
- Le piège tendu par le tyran Yang Huo.
- le Livre de la Doctrine de Confucius.
- Etc.

Le Tableau de Loge du Sage de Qufu

27 Au-delà du monde

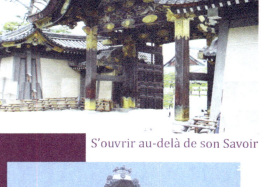
Ecouter au-delà de sa Culture

S'élever au-delà du banal

S'ouvrir au-delà de son Savoir

Penser au-delà des habitudes

Créer au-delà du réel

Aimer au-delà des passions

Voir au-delà de son horizon

Œuvrer au-delà de tout

Au-delà de nous-même

Comprendre au delà des apparences

Parler au monde, au-delà de son village

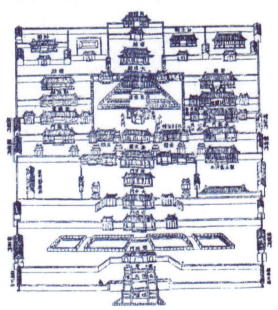

PLAN OF THE TEMPLE OF CONFUCIUS, AT CHÜ-FOU

Construire un Temple au-delà de son possible

27

La Banière Symbole de l'école, du Savoir et de la Connaissance

Le Sceptre du Commandement

Le Bâtisseur :

- Il entend et oublie, Il voit et se souvient, Je fait et comprend.

- Il sait que certaines moissons n'arrivent pas à fleurir et que parfois d'autres après avoir fleuri, n'ont pas de grain.

- Il possède la vertu de l'homme supérieur comme le vent, alors que la vertu de l'homme inférieur est comme l'herbe.
L'herbe, si le vent vient à passer sur elle, s'incline nécessairement.

- Il applique la justice et l'équité, seules richesses des gouvernants.

- Il peut se retirer du monde, n'être ni vu ni connu des hommes, et n'en éprouver aucune peine, tout cela n'est possible qu'au sage.

- Il renonce à la richesse et aux honneurs, seuls objets du désirs des hommes, s'il ne peut les acquérir par des voies honnêtes.

- Il agrémente et rehausse les hommes par la vertu et les maisons par les richesses.

- Il est tout près du savoir car il aime étudier ou exercer sa pensée à la recherche de la loi du devoir.

- Il cherche la perfection morale qui présuppose la grande lumière de l'intelligence.

- Il ne s'exaspère pas d'être oublié ou méconnu des hommes car il est extrêmement vertueux.

- Il dirige les hommes par la vertu et fait régner l'union grâce aux rites.

- Il détecte les jeunes pousses destinées à ne jamais fleurir ou celles qui ne portent jamais de fruits.

- Il exige beaucoup de lui-même et peu des autres, c'est le moyen d'écarter toute animosité.

- Il connaît la vie, il peut savoir ce qu'est la mort.

- Il cherche à ressembler aux hommes de valeur et approfondit les défauts de l'homme médiocre qu'il pourrait avoir en lui-même.

Le Bijou

La rencontre de Lao Tseu et de Confucius

Le Constructeur :

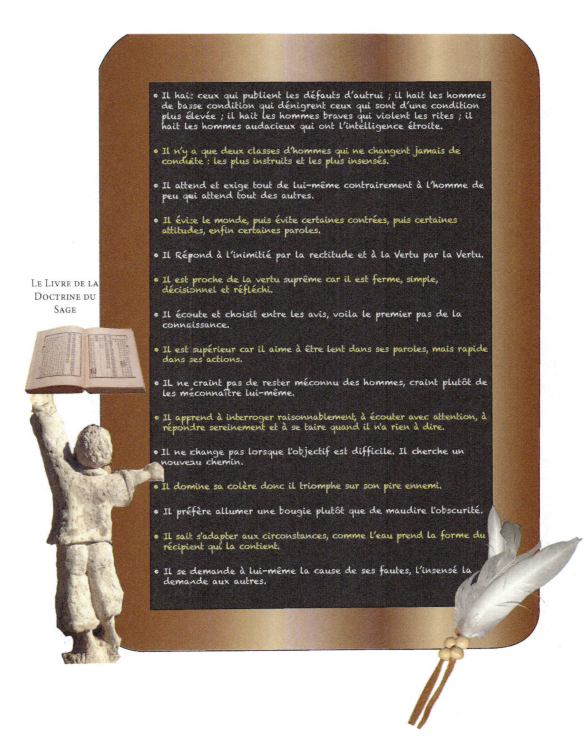

Le Livre de la Doctrine du Sage

- Il hait ceux qui publient les défauts d'autrui ; il hait les hommes de basse condition qui dénigrent ceux qui sont d'une condition plus élevée ; il hait les hommes braves qui violent les rites ; il hait les hommes audacieux qui ont l'intelligence étroite.

- Il n'y a que deux classes d'hommes qui ne changent jamais de conduite : les plus instruits et les plus insensés.

- Il attend et exige tout de lui-même contrairement à l'homme de peu qui attend tout des autres.

- Il évite le monde, puis évite certaines contrées, puis certaines attitudes, enfin certaines paroles.

- Il Répond à l'inimitié par la rectitude et à la Vertu par la Vertu.

- Il est proche de la vertu suprême car il est ferme, simple, décisionnel et réfléchi.

- Il écoute et choisit entre les avis, voila le premier pas de la connaissance.

- Il est supérieur car il aime à être lent dans ses paroles, mais rapide dans ses actions.

- Il ne craint pas de rester méconnu des hommes, craint plutôt de les méconnaître lui-même.

- Il apprend à interroger raisonnablement, à écouter avec attention, à répondre sereinement et à se taire quand il n'a rien à dire.

- Il ne change pas lorsque l'objectif est difficile. Il cherche un nouveau chemin.

- Il domine sa colère donc il triomphe sur son pire ennemi.

- Il préfère allumer une bougie plutôt que de maudire l'obscurité.

- Il sait s'adapter aux circonstances, comme l'eau prend la forme du récipient qui la contient.

- Il se demande à lui-même la cause de ses fautes, l'insensé la demande aux autres.

Sage de Bénarès
CONSTRUIRE UN IDÉAL

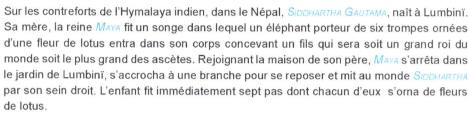

La légende du grade

Sur les contreforts de l'Hymalaya indien, dans le Népal, SIDDHARTHA GAUTAMA, naît à Lumbinï. Sa mère, la reine MAYA fit un songe dans lequel un éléphant porteur de six trompes ornées d'une fleur de lotus entra dans son corps concevant un fils qui sera soit un grand roi du monde soit le plus grand des ascètes. Rejoignant la maison de son père, MAYA s'arrêta dans le jardin de Lumbinï, s'accrocha à une branche pour se reposer et mit au monde SIDDHARTHA par son sein droit. L'enfant fit immédiatement sept pas dont chacun d'eux s'orna de fleurs de lotus.

Son père, SHUDDHODANA roi du Kapilavastu le protège des affres de la vie en l'élevant de façon confinée dans son palais. Mais différents de la plupart des autres hommes, GAUTAMA médite souvent sous un arbre. Il a 29 ans, lorsqu'il entreprend subrepticement une promenade aux environs de son palais et croise un vieillard délabré portant le fardeau de la vieillesse. Plus loin, c'est un homme vérolé par la peste noire et vociférant de douleur qui lui révèle la maladie. Enfin, un cadavre conduit sur le bûcher lui dévoile la mort. Il prend conscience de l'incontournabilité et l'irréversibilité de ces trois phases jalonnant l'existence humaine dont il ne sera pas épargné.

Vieillir,

Mais la vie a-t-elle un sens ? Comment et pourquoi construire dans ces perspectives dégradantes ? Les réponses lui furent données par un ascète accroupi sur le bord d'un chemin, quêtant sa nourriture dans un simple bol, mais pétri de sérénité.

Comprenant que ses privilèges matériels ne l'épargneront ni de la vieillesse, ni de la maladie, ni de la mort, le Prince se résout à changer son mode de vie. Il abandonne ses biens matériels, se rase la tête et franchit la porte du domaine du renoncement. Accompagné de cinq disciples, il pratique l'ascèse le rapprochant des limites de la résistance humaine puis décide de s'engager dans la méditation pour atteindre la véritable quiétude.

Souffrir,

Une nuit, allongé sous un figuier, il reçoit une sorte d'illumination. GAUTAMA s'éveille à un monde nouveau. Il devient BOUDDHA.

Devant ses cinq disciples fondateurs retrouvés, Il prononce, à Bénares une exhortation qui établit les quatre lignes fondamentales du bouddhisme (les quatre nobles vérités) qu'il diffuse durant quarante ans dans plaine du Gange : la souffrance est universelle " Dukkha " ; l'origine de la souffrance " Samudaya " ; atténuation et suppression de la souffrance " Nirodha " ; le chemin initiatique qui conduit à la cessation des souffrances " Nirvana ".

Mourir ...

BOUDDHA veut estomper et supprimer la douleur qui meurtrit les hommes. Il propose une philosophie initiatique qui recherche le sens de la Vie et une éthique nouvelle dans laquelle chaque homme est responsable de son Karna.

mais construire

Tenture

La bannière

Age	Ouverture / fermeture
Quatre-vingt ans.	L'heure à laquelle la Porte s'ouvre A l'ombre du Sal (*Shorea robusta*)

Mot de la Tradition et Mot de Passe
David-Néel
Cinq disciples

La Loge du Sage de Bénarès

28

La Médaille

Le Bijou

Ethique du Sage de Bénarès

- Il connaît la Roue de la Loi.
- Il pratique la Roue des Bons Auspices.
- Il fusionne le Gankyil.
- Il salue et respecte l'Autre.
- Il attend tout de lui-même.
- Il renvoie l'homme à sa réalité.
- Il veut la réponse à ses propres questions.
- Il est chercheur véritable.
- Il étudie les Quatre Vérités et les Huit Symboles Auspicieux.
- Il reste toujours un homme éclairé et libre.
- Il s'éveille à un monde nouveau.
- Il se défait de ses habits étriqués.
- Il intègre à son chemin initiatique les moyens de la Sagesse, de la Morale et les disciplines de l'Esprit.
- Etc.

Quelques thèmes de réflexion

- L'intuition et ses limites.
- La chance, la probabilité, la rationalité, la règle et le compas.
- La symbolique du quatre et du huit.
- Tout est Couleur.
- Tout est Mouvement.
- Tout est Art.
- La marche et les sept pas.
- Le Tripitaka et les trois paniers.
- Le Nœud sans fin et l'Infini humain.
- La Vie a-t-elle un sens ? Le sens à donner à sa Vie.
- L'Amour apaise la haine.
- Les nobles vérités.
- Le Dukkha, le Samudaya, le Nirodha, le Samsara, le Nirvana, le Karma.
- Vivre sous les cinq arbres.
- Les heures d'ouverture et de fermetures.
- Porter le fardeau de la vieillesse, vociférer de douleur et approcher inéluctablement la mort.
- Peut-on transmettre son expérience ?
- Le monde clos, le monde ouvert, le monde des hommes.
- 10 points : Tétraktys ou le Nœud sans fin ou les Séphiroth ?
- La Connaissance : progression linéaire ou géométrique ?
- Le non-soi.
- Etc.

La Marche

Le Tablier et le Sautoir du Sage de Bénarès

Le Tableau de Loge du Sage de Bénarès

Les HUIT symboles auspicieux du Sage de Bénarès confirment la spiritualité du Maçon structurée autour de la règle, du compas et de l'équerre gravée d'un cœur, porteuse d'Amour

1 La Bannière de la Victoire incite le Sage à vaincre les obstacles. A travers l'œuvre qu'il réalise, il prône le triomphe de la Connaissance sur l'ignorance

2 La Conque sonne et éveille les devoirs du constructeur

3 Le Lotus l'incite à purifier son œuvre, ses plans, son éthique et son esprit. Il symbolise son élévation spirituelle au-delà du Beau

4 Le Nœud sans fin lui ouvre l'infini des choses et des plans, conscient que tout est interdépendant

5 L'Ombrelle l'amène à assurer la protection des hommes tout en promouvant le bonheur et le rayonnement festif que tout homme mérite

6 Les Deux Poissons incitent le bâtisseur à valoriser et à partager le bonheur, la richesse, l'abondance et la prospérité à travers la libération de l'Homme.

7 La Roue de la Loi encourage le constructeur à créer le mouvement, propager le Savoir, approfondir la Connaissance afin d'approcher le Vrai Bonheur

8 Le Vase recèle la richesse intellectuelle. Il renferme le germe secret d'une longue vie et assure la prospérité et la richesse temporelle et spirituelle

28

SALUER ET RESPECTER L'AUTRE

DIX POINTS DANS LEUR DIVERSITÉ SYMBOLIQUE :

PYTHAGORICIENNE
BOUDDHIQUE
KABBALISTE

L'Art du mouvement

L'Art du corps

L'Art du Mystère

Pour le Bâtisseur Tout est Art

L'Art d'unir Ciel et Terre

L'Art d'es vibrations

L'Art de la Pensée humaine

28

Les cinq arbres

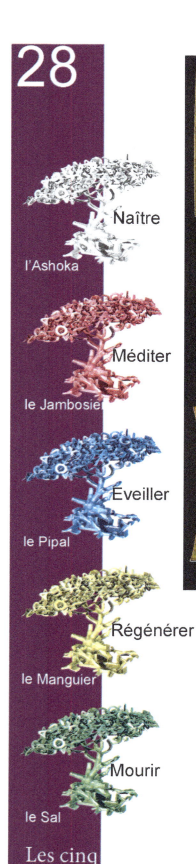

- Naître — l'Ashoka
- Méditer — le Jambosier
- Éveiller — le Pipal
- Régénérer — le Manguier
- Mourir — le Sal

Construire une part de bonheur pour les hommes

- Protection du Monde
- La compassion. Ressentir et remédier à la souffrance de l'autre
- Bons Auspices pour tendre vers le Nirvana. Les 8 signes de la Chance
- La Compassion vertu du constructeur qui s'ouhaite s'élever
- Manjushri. La Victoire contre le mal
- L'Art de la médecine impulse la connaissance scientifique et mentale destinée à prévenir, guérir ou soulager l'homme.

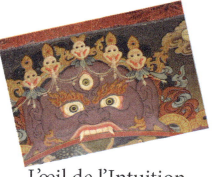

L'œil de l'Intuition

PERÇOIT UNE VÉRITÉ ALÉATOIRE ET SUBJECTIVE SANS LE RECOURS AU RAISONNEMENT.

QUELLES EN SONT LES LIMITES ?

Tripitaka :

LE LIVRE DE LA TRADITION BOUDDHIQUE ÉCRIT IL Y A PLUS DE 2 100 ANS.

Les quatre Vérités

du Bâtisseur, du Constructeur, du Créateur :

Rechercher les causes des tourments et des dysfonctionnements
S'éloigner des choses fragiles et fugaces du monde matériel
Eliminer la souffrance
S'engager sur un chemin initiatique qui efface l'accablement.

Pour le Bâtisseur, le Constructeur et le Créateur :
voir juste, penser juste, parler juste, agir juste, procéder juste, forcer juste,
prêter l'attention juste

Sage de Nazareth
BÂTIR UNE SPIRITUALITÉ AU SERVICE DES HOMMES

La légende du grade

Jésus, naît dans une étable de Galilée au sein d'une famille juive très pieuse. Il passe une partie de sa jeunesse à Capharnaüm au milieu des pêcheurs du lac de Tibériade. Il reçoit une instruction doctrinale qu'il enrichit d'un savoir opératif de charpentier, comme son père JOSEPH marié avec MARIE.

En ce temps, HÉRODE LE GRAND, craignant pour son pouvoir décide d'occire tous les aînés mâles des familles autochtones. Prenant conscience de ce danger, la famille de JÉSUS migre en Egypte.
De retour en Palestine, les parents du jeune JÉSUS le découvrent côtoyant les érudits du Temple de Jérusalem. Jésus continue jusqu'à trente ans le métier de charpentier.

Son aventure publique débute par le baptême qu'il reçoit de JEAN LE BAPTISTE, prédicateur itinérant. Alors que JEAN baptise par l'Eau, JÉSUS purifie par le Feu c'est-à-dire par l'Esprit. Le bref épisode public de JÉSUS ne dure que trois ans mais bouleverse l'histoire de l'humanité. Jésus élabore une audacieuse vision réformatrice et universaliste du monde en rénovant le judaïsme, sans pour autant le renier. De par son action, peut-il réformer ou doit-il proposer une nouvelle vision du monde ? Transcendé, il parcourt principalement la terre de Galilée en accompagnant des guérisons ce qui lui procure une importante renommée.

Il est très respectueux de la Loi qui honore l'Amour, l'amour de son prochain. Il annonce un monde nouveau qui inverse les valeurs : le pauvre sera riche ; le puissant sera l'esclave. LE SAGE devient subversif lorsqu'il prône le respect de tout être humain quelles que soient ses conditions sociales. Il structure son message autour de la liberté de l'individu en développant le concept de pardon et le droit à l'erreur. Il annonce un monde nouveau.

Durant la Pâque juive, JÉSUS se rend à Jérusalem clandestinement. Ses disciples se reconnaissent par signes et mots de passe préparent le repas dit de la " Cène ", dans un lieu caché. Sur dénonciation LE SAGE est arrêté au jardin de Gethsémani. Le préfet romain PONCE PILATE le condamne au crucifiement pour rébellion et subversion. JÉSUS, dans les derniers instants de son calvaire est tourné en dérision et affublé du surnom de " Roi des Juifs ". Ses tortionnaires romains le couvre d'une cape rouge évoquant leur puissance, d'une squelettique couronne d'épines simulant une coiffe de monarque et d'un frêle roseau feignant un sceptre royal. Ce vendredi d'avril, il est crucifié au Golgotha cloué sur une lourde croix de bois, en référence à son métier de charpentier. Cette croix est surmontée d'un titulus sur lequel est inscrit l'acronyme " I. N. R. I. " signifiant " JÉSUS DE NAZARETH ROI DES JUIFS ", que redéfiniront plus tard les alchimistes comme " *Ignia Natura Renovatur Integra* ". Il meurt un vendredi d'avril et immédiatement enseveli, suivant la loi juive avant que la première étoile se lève. Trois jours plus tard, ses disciples et un groupe de femmes découvrent son caveau vide et proclament LE SAGE ressuscité.

Une nouvelle Etoile resplendira-t-elle dans le Cosmos des hommes ?

TENTURES

LA ROSE À CINQ PÉTALES

Ouverture / fermeture
L'Etoile paraît
L'Etoile resplendit

Age
33 ans

Mot de la Tradition et Mot de Passe
Désaguliers
Je suis le Chemin

La Loge du Sage de Nazareth

29

LA MÉDAILLE DU SAGE DE NAZARETH

LE SCEPTRE DU COMMANDEMENT

MARIE
MARTHE
MARIE MADELEINE

ET

LA FEMME COURBÉE

LA FEMME SOUFFRANTE

LA FEMME CANANÉENNE

Ethique du Sage de Nazareth

- Il est humble.
- Il sert.
- Il s'ouvre à l'autre.
- Il respecte la loi.
- Il s'élève.
- Il écoute.
- Il commande.
- Il cherche l'harmonie.
- Il considère les autres.
- Il œuvre pour la fraternité humaine.
- Il cherche l'Idée à travers les mots.
- Il fait don de soi aux autres.
- Il prodigue la Fraternité, la Liberté et l'Egalité.
- Il discerne la bonne manière pour chaque situation.
- Il est homme d'Espérance, de Foi et de Bienfaisance.
- Il vit dans la complémentarité des compétences.
- Il se consacre à ses semblables qu'il aide, assiste et respecte.
- Il défend ses frères dans le cadre de sa conscience.
- Il est homme de Devoir.
- Il élève la loi au niveau d'un absolu.
- Il prêche le droit à l'erreur.
- Il manifeste un amour absolu pour l'Œuvre.
- Il s'éveille perpétuellement.
- Il oriente les hommes vers le Beau et le Bien.
- Il gagne sa liberté et la transcende.
- Il mène une action morale ordonnée.
- Il attribue un sens initiatique aux vertus.
- Il se dépasse perpétuellement.
- Il est responsable de son devenir.
- Il libère son esprit de la matière.
- Il transcende l'Amour fraternel.
- Il est son propre législateur.
- Il s'enrichit de la Tradition.
- Il est homme d'Alliance.
- Il concilie Foi et Loi.
- Il est homme d'éveil.
- Il cherche.
- Il partage.
- Etc.

Quelques thèmes de réflexion

- L'Action, la Réaction, bases de la construction.
- De dieu à l'homme et de l'Homme à Dieu.
  - Quel royaume sur Terre ?
    - Ici et maintenant.
      - Les noces.
      - L'Alliance.
      - Les Evangiles.
      - L'Infini.
      - Le vide et le néant.
    - Le prophète et la science.
  - Le Miracle, la réalité, la fiction, la foi.
- Le Christianisme et ses rites.
- Le Charpentier, la foi, les lois.
- De la Matière à l'Esprit.
  - L'ésotérisme chrétien.
  - La Rose-Croix.
  - Les Templiers et l'Ordre du Temple.
  - La Chevalerie de l'esprit.
  - Construire les cathédrales.
  - Les signes de reconnaissance.
  - Jésus et les femmes.
  - Partir pour revenir plus radieux.
- La boîte à outil du Charpentier.
- Du Charpentier au Cosmos.
- La Croix et les croix.
- De l'humiliation à la naissance du Mythe.
- Les décors du grade.
- La Cérémonie du Partage et de la Fraternité.
- Concevoir le vide et bâtir son enveloppe.
- La Trahison et la Vérité.
- Porter l'Amour et répandre la Paix.
- Le Phœnix, le Pélican, la Colombe.
- Le signe et le contre-signe.
- Le Tableau de Loge.
- La Cène.
- Etc.

JÉRUSALEM : UN ROCHER, UNE VILLE, UNE ESPÉRANCE.

Le Tableau de Loge du Sage de Nazareth

Le Tableau de Loge est un carré long de rapport 100/123, rapport dans lequel se retrouve la spiritualité du grade. La silhouette évanescente du Sage, bras en croix, se fond dans le ciel gris et rappelle l'union de la verticalité et de l'horizontalité des choses et des hommes. Sa main droite couvre un croissant de lune et sa main gauche un soleil plein. Une colombe prend l'envol à partir de sa main gauche, celle du cœur. Le bas du Tableau est occupé par une foule humaine derrière laquelle se découpent des silhouettes de charpentes en attente de construction. L'acacia solitaire du désert tend ses branches vers les étoiles de l'espérance. Les colonnes rouge et blanche soutiennent le Temple de l'Humanité.

LES DISCIPLES ET LES FEMMES RETROUVÈRENT UN TOMBEAU VIDE.

VIDE DE QUOI ?
VIDE DE QUI ?
VIDE POURQUOI ?
VIDE POUR QUI ?

QU'EST-CE LE VIDE ? EST-IL CONSTRUCTION ?

PENSER LE VIDE.

ESPÉRER MALGRÉ TOUT.

UN KEROUB DANS LA MAIN
ET
UNE ROSE SUR LE MARBRE.

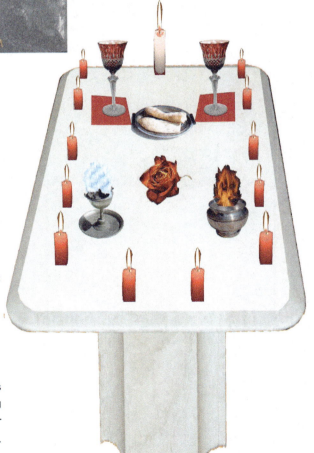

LA CEREMONIE DU PARTAGE ET DE LA FRATERNITÉ

LA TABLE DU PARTAGE ET DE LA FRATERNITÉ

INSTALLÉE EN FIN DE RÉUNION AU MILIEU DU TEMPLE.

UNE ROSE ROUGE EN OCCUPE LE CENTRE.

TREIZE ÉTOILES SONT DISPOSÉES SUR LE POURTOUR DE LA TABLE :

- 5 ÉTOILES ROUGES AU SEPTENTRION,
- 5 ÉTOILES ROUGES AU MIDI
- 2 ÉTOILES ROUGES À OCCIDENT
- L'ÉTOILE ETERNELLE BLANCHE À L'ORIENT

DEUX COUPES CONTENANT DU NECTAR DE FRUITS ROUGES POSÉES SUR DEUX SERVIETTES, DU PAIN SUR UN PLATEAU D'ARGENT ET UN BRÛLOIR SONT DÉPOSÉS SUR LA TABLE AINS QU'UN BRÛLE PARFUM.

29

De l'Agneau à la Colombe :

LA PAIX

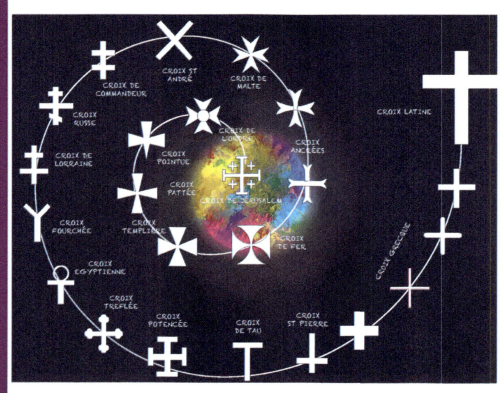

Construire une Croix, comme support de spiritualité.

Différents mais porteurs d'Amour, de Paix et d'Espérance

Ils construisent toujours avec foi

Charpenter sa Vie

1 - par les Symboles des Charpentiers

2 - par la Tradition des Charpentiers

3 - par les Outils des Charpentiers
sous l'égide du compas.

Passer de la matière à l'Esprit
avec les outils des Charpentiers

- 1 Batte :   maîtriser les métaux
- 2 Tarière :   percer le Mystère
- 3 Bisaigue :   concilier les hommes
- 4 Essette :   protéger la Construction
- 5 Cisaille :   orner l'Edifice
- 6 Marteau de couvreur : préserver le Secret
- 7 Mèche :   approfondir la Connaissance
- 8 Vrille :   descendre en soi
- 9 Tarière :   traverser les préjugés
- 10 Tire-clous : libérer les hommes

Sage d'Hira

Bâtir une spiritualité et des lois humaines

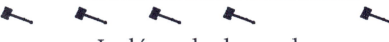

La légende du grade

Lorsque MUHAMAD naît, la cité de la Mecque, nacre du désert, possédait un édifice nommé Kaaba qui recelait une mythique Pierre Noire.

Jeune homme de vingt-cinq ans, Il épouse KHADIJA, riche veuve qui gérait, seule, son importante et florissante fortune.

Mais, le Sage, se retire fréquemment dans une grotte de la colline d'Hira, proche de la Mecque, éclairée par la Lune qui marque et égraine le temps. Lors de l'historique " Nuit du Destin " il est transcendé par la vision d'une pluie qui s'abat sur la Terre aride. Il reçoit mission de revivifier le monde et décide de transmettre ce message à l'humanité.

Les habitants de la Mecque le persécutent pour ses prédictions innovantes. Contraint, il émigre à Médine, accompagné d'une poignée de fidèles.

Cet exode, nommé l'Hégire grave le début de l'ère et du calendrier musulman.

Quelques années plus tard, les médinois, à leur tour, prennent ombrage de l'influence grandissante de la spiritualité de MUHAMAD. Ils en appellent aux habitants de la Mecque pour les aider à le chasser, lui et ses adeptes. Par réaction, le sage endosse l'habit de guerrier et dirige ses fidèles compagnons pour construire préventivement autour de la ville un immense fossé de douze kilomètres de long, profond de cinq mètres et large de six mètres. Cet ouvrage est destiné à bloquer l'entrée de la cité aux mecquois, alliés des médinois. Ses troupes triomphent des agresseurs lors de l'héroïque bataille du Fossé.

Trois ans plus tard, alors âgé de soixante ans, MUHAMAD entreprend la conquête militaire de la Mecque. Victorieux, il atteint la Kaaba, sacralise son enceinte et y destitue ses idoles.

Il s'éteint vingt-huit lunaisons plus tard et ne laisse aucune instruction pour assurer sa succession. Sa communauté est précipitée dans le désarroi. ABOU BAKR, un cousin éloigné du Prophète est proclamé Calife suivi de OMAR, autre parent qui rêve d'un empire universel. Assassiné prématurément il est remplacé par OTHMAN puis par ALI, le gendre du Sage.

Depuis, cette spiritualité se développe à travers le monde. Il diffuse la doctrine de MUHAMAD structurée autour d'une morale individuelle et collective. Ces préceptes, à la fois spirituels et sociétaux, fixés par des règles de vie civiles, militaires et commerciales ambitionnent de reconstruire le monde.

Mot de la Tradition et Mot de Passe
Abd el-Kader
Persévérance

Ouverture / fermeture
La Lune Nouvelle
La Lune Pleine

Age
28 ans

Bijou

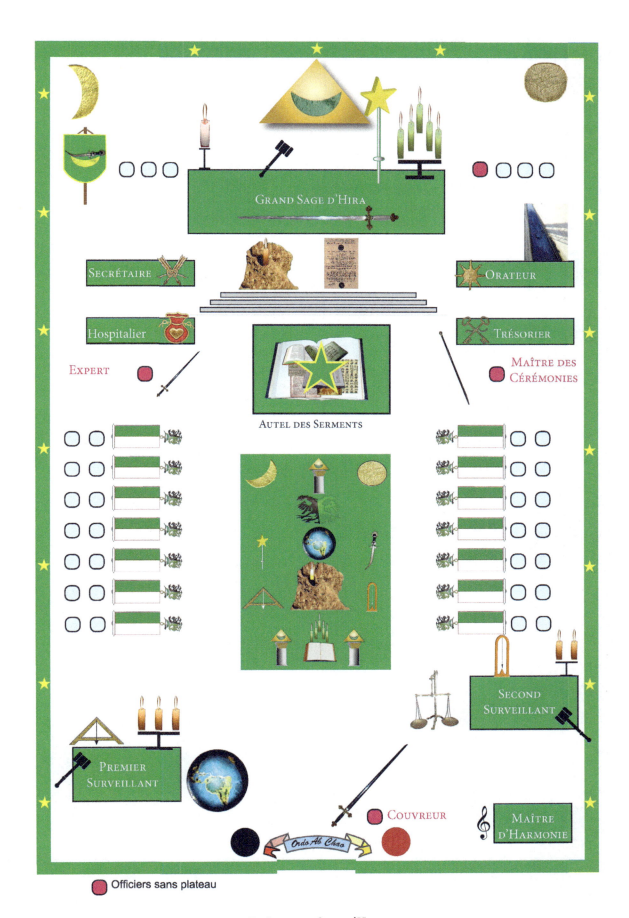

La Loge du Sage d'Hira

30

Ethique du Sage d'Hira

- Il mène au bien-être des hommes.
- Il encourage la moralité.
- Il prodigue l'action vertueuse.
- Il est humble devant les hommes.
- Il contrôle ses passions et ses désirs.
- Il se détache des plaisirs éphémères de la vie.
- Il est fiable et honnête.
- Il combat la corruption.
- Il maîtrise ses pulsions.
- Il contrôle sa colère.
- Il pardonne à autrui.
- Il évite le mal et le vice.
- Il meuble ses silences de réflexions.
- Il est généreux et loyal.
- Il est maître de lui-même.
- Il établit son code de conduite.
- Il dirige avec amour et détermination.
- Il écroule les idoles.
- Il triomphe des agresseurs.
- Il anticipe l'avenir et gouverne.
- Il crée des modèles de pensées et de gestions.
- Il connaît Abd el-Kader.
- Il persévère.
- Il est chef, homme de gouvernance, d'impulsion, de direction et d'élévation de l'esprit.
- Etc.

Quelques thèmes de réflexion

- De l'inspiration à la concrétisation.
- La force de l'Idée.
- Naître pour Etre.
- Savoir convaincre.
- Pardonner à ceux qui causent le tord.
- Riche ou pauvre : être modéré.
- Renouer avec ceux qui ont cessé de vous parler.
- Donner à ceux qui refusent de donner.
- L'encre de la plume empêche l'oubli.
- L'honnêteté des hommes.
- Vivre le temps lunaire.
- Devoir et dévouement.
- Savoir surmonter sa détresse.
- Lier le corps et l'esprit.
- Se parfaire.
- Lune Nouvelle et Lune Pleine.
- Du désert à l'Idée.
- Le Soufisme, l'Amour, la Sagesse.
- Derwiches tourneurs : recevoir pour donner.
- L'Idée et la Création.
- Une nacre dans le désert.
- La Lune égraine et scande le temps.
- Un empire universel.
- Morale individuelle du Créateur et morale collective des Bâtisseurs.
- Spiritualité et Sociétal.
- Les valeurs profondes des projets.
- Sans élévation de l'esprit, l'œuvre reste stérile.
- Etc.

La Médaille du Sage d'Hira

Le Sceptre du Commandement

Le Tablier et le sautoir du Sage d'Hira

La Bannière

Le Tableau de Loge du Sage d'Hira

Apprendre

- Naître pour Être
- Être pour Penser
- Penser pour Concevoir
- Concevoir pour Bâtir
- Bâtir pour Naître

Apprendre l'Infini

Apprendre jusqu'au terme de la Vie

Apprendre de l'Autre.

Apprendre pour s'Élever

Apprendre pour Connaître.

Apprendre de la Tradition.

Cérémonie de l'Adhésion et du Ralliement

Dès lors qu'un homme engendre une idée force porteuse d'espérance et qu'il entreprend de répandre son nouveau paradigme, il recueille l'adhésion de compagnons qui, séduits par le modèle de pensée, se rassemblent et le suivent afin de propager le message.

Hommes, unir autour de soi des compagnons fidèles et dévoués porteur d'un ambitieux projet soutenu par une idée force prend naissance, engendre toujours un élan porteur de conviction et d'espérance.

L'émulation des adeptes sera renforcée par la stabilité du groupe de créateurs impulsée vers la haute valeur morale. La Règle sera de tous les moments, connaissez-la, appliquez-la dans toutes vos actions. La fraternité constituera le ciment de vos actions. Considérez toujours avec attention la gestion matérielle de vos projets spirituels et humains. Gardez l'ordre, les légendes, les mythes, les rites, les coutumes et les usages. Conservez la part positive des héritages, favorisez la transmission, conservez les habitudes et les pratiques positives. Respectez avec la plus grande attention les célébrations, n'oubliez pas les mœurs dans toute chose. Protégez au risque de votre vie vos compagnes et compagnons, vos mères, vos enfants, vos frères les hommes. Le véritable constructeur fait sienne la devise " Ordo Ab Chao ". Accompagné de ses fidèles, il parcourt le chemin de la Connaissance.

Homme vous étiez, Emancipateur vous serez !

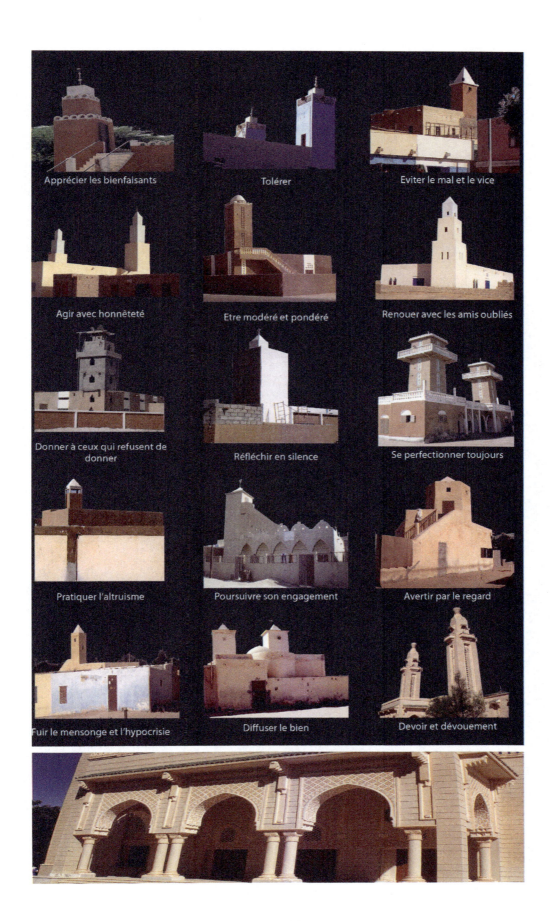

31 le Maître de Lumière
De la Lumière de la Nature à celle de l'Homme

La légende du grade

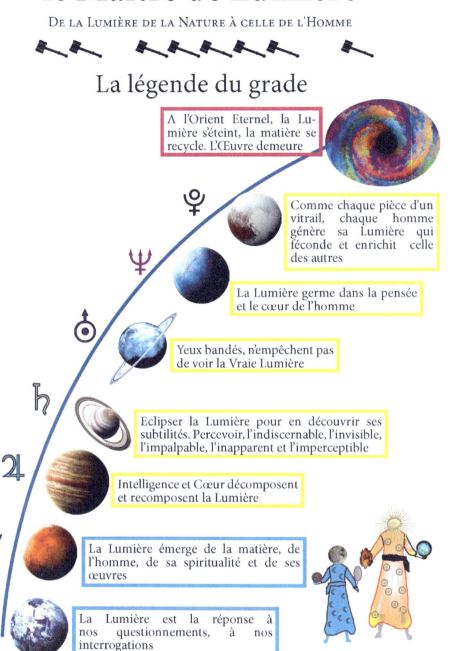

A l'Orient Éternel, la Lumière s'éteint, la matière se recycle. L'Œuvre demeure

Comme chaque pièce d'un vitrail, chaque homme génère sa Lumière qui féconde et enrichit celle des autres

La Lumière germe dans la pensée et le cœur de l'homme

Yeux bandés, n'empêchent pas de voir la Vraie Lumière

Eclipser la Lumière pour en découvrir ses subtilités. Percevoir, l'indiscernable, l'invisible, l'impalpable, l'inapparent et l'imperceptible

Intelligence et Cœur décomposent et recomposent la Lumière

La Lumière émerge de la matière, de l'homme, de sa spiritualité et de ses œuvres

La Lumière est la réponse à nos questionnements, à nos interrogations

PHYSICOS, l'homme de quantification, aspiré par un énorme trou noir situé au plus lointain du Cosmos, aperçoit MÉTAPHYSICOS l'homme de la spiritualité et lui demande :

Pourquoi suis-je si fortement aspiré par ce trou noir dans lequel Lumière et Matière se précipitent pour disparaître, fusionner et rejoindre l'origine des temps ? Au delà des lois physiques de la Nature, qu'est ce que " la Lumière des Hommes " ?

MÉTAPHYSICOS répond : HOMMME ! parcours le Cosmos, des profondeurs de la Terre jusqu'aux plus lointaines des galaxies, du plus intime de toi-même à ton idéal de Création. Découvre l'analogie entre la lumière physique de la Nature et la Lumière spirituelle des hommes. Ainsi tu comprendras :

La Lumière et ses mystères

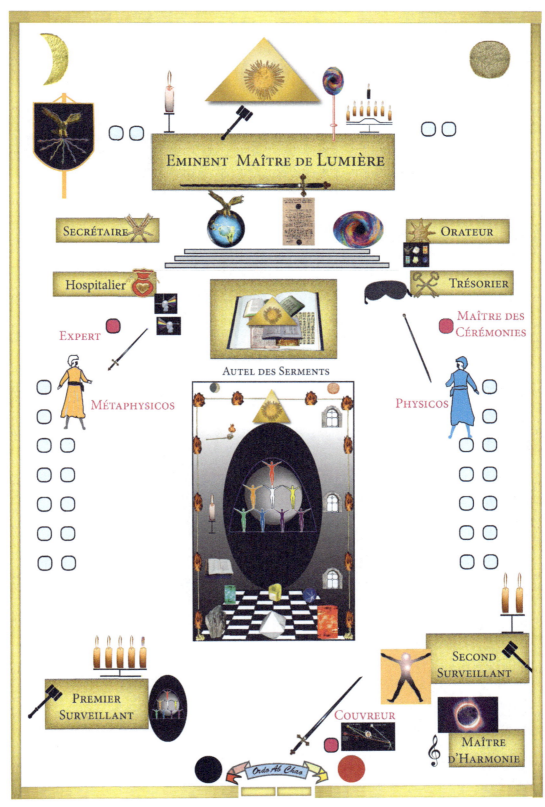

La Loge du Maître de Lumière

31 — Des Lois de la Nature à la pensée de l'Homme

La LUMIERE

La Lumière ?
C'est la réponse à nos questionnements !

Tableau de Loge du Maître de Lumière
Le Vitrail de la Connaissance des hommes

Lorsque la Connaissance traverse le Vitrail des Hommes, chacun d'eux apparaît différent mais complémentaire. Ensemble, ils recomposent la Lumière intégrale, visible par l'homme. Comme chaque pièce de verre du vitrail chaque homme ne laisse transparaître qu'une composante de la Lumière. En s'unissant, les hommes peuvent reconstituer la Lumière intégrale donc la Connaissance. Chaque homme amène sa parcelle de Connaissance indispensable à la réalisation de l'Œuvre représentée par l'homme parfait central, qui fusionne toutes les parcelles de lumière et atteint le blanc unificateur.

Ce tableau s'enrichit du pavé mosaïque, de six pierres de lumière, de trois fenêtres éclairées, des outils de lumière des maçons constructeurs, d'un cordeau à douze feux, de la lune, du soleil et d'un triangle lumineux porteur de Lumière. Les pierres noire et rouge représentent le deux colonnes qui soutiennent
le Temple de l'Humanité.

31 Ethique du Maître de Lumière

Certains hommes créent la Lumière à travers leurs œuvres et leurs pensées ;

d'autres la transmettent.

Tous engendrent la Connaissance.

- Il possède deux sources de Lumière.
- Il perçoit au delà des bandeaux.
- Il est penseur de Lumière.
- Il analyse et recompose la Lumière.
- Il crée l'Etoile par la Lumière.
- Il fusionne les diverses lumières.
- Il possède les six pierres de Lumière.
- Il s'enrichit sans cesse de Lumière.
- Il illumine les pensées, les comportements les projets, les réalisations.
- Il dédie la Connaissance aux hommes.
- Il médite les huit mystères de la Lumière.
- Il s'interroge pour atteindre la Lumière et la Connaissance.
- Il se libère de ses certitudes et de ses dogmes par la Lumière.
- Il est simultanément homme solaire et homme lunaire.
- Il éclipse la lumière pour découvrir l'indiscernable, l'invisible, l'impalpable, l'inapparent et l'imperceptible.
- Il recrée la Lumière, même entravé, tôt ou tard.
- Il différencie réalité, apparence, croyance, illusion, obscurantisme.
- Il tamise, voile, occulte la Lumière pour atteindre les profondeurs de la pensée et de la spiritualité.
- Il visite les grottes, les cryptes et les cavernes pour générer le germe de la Grande Lumière.
- Il précipite, abandonne et dilue sa Lumière dans l'Orient Eternel.
- Il peaufine son Œuvre avant de connaître son ultime initiation.
- Il enrichit sa vie de Lumière.

Quelques thèmes de réflexion

- L'aigle porteur d'une branche d'olivier, dominant le monde à la recherche de la Lumière.
- Le sceptre du Maître de Lumière.
- La Lumière, l'homme et les cristaux alchimistes.
- La Lumière perçue par l'esprit.
- L'Homme, Dieu, les dieux et la Lumière.
- Les pierres de lumière, noire et rouge, soutiennent le Temple des hommes.
- L'âge de la Lumière initiale.
- La Lumière des hommes et des dieux.
- La Lumière des hommes : éphémère ou éternelle ?
- Le sens profond de la Lumière.
- Pour celui qui connaît la Lumière, que reste-t-il du doute ?
- D'où vient la Lumière des hommes ?
- De la matière à la pensée de l'homme : la Lumière jaillit.
- L'Intelligence, le Cœur et la Lumière.
- La Lumière dans les domaines de la spiritualité, de la métaphysique, de l'irréel, du rêve, de l'intuition, de l'inconscience.
- Qui altère la Lumière ?
- La Lumière virtuelle et l'homme.
- La Lumière peut-elle se libérer de toute influence ?
- D'où resplendit la Vraie Lumière ?
- Le vitrail des hommes et la Lumière.
- Le temps et la Lumière se précipitent et se dérobent à l'approche de l'Orient Eternel.
- Le chemin inéluctable qui mène à l'Orient Eternel.
- L'Œuvre des hommes, la Lumière et l'Orient. Eternel.

La Lumière des Hommes :

de l'Antimoine noire, au Diamant blanc et au Rubis rouge

- ①　La Lumière ne pénètre pas la noire Stibine, minerai d'antimoine. Elle se réfléchit seulement sur sa surface comme les rayons du Soleil sur la Lune et la Connaissance sur certains hommes sans les enrichir.
- ②　La Lumière pénètre le Diamant et se propage uniformément dans son espace, l'illuminant pleinement. Le Diamant représente-t-il le Sage ?
- ③　Dans le Rubis, la Lumière parcourt l'espace du cristal selon des vitesses différentes formant un ellipsoïde. Comme dans le rubis, la pensée de l'homme est gradation.

Quelles sont les analogies possibles entre l'Homme et le Grand Œuvre à partir de ces trois types de propagation de la Lumière, ?

POURQUOI LA LUMIÈRE ET LA CONNAISSANCE NE PÉNÈTRENT T-ELLES PAS LA PENSÉE DE CERTAINS HOMMES ? QUAND SE DIFFUSENT-T-ELLES DE FAÇON HOMOGÈNE OU HÉTÉROGÈNE ? COMMENT CONSTRUIRE UN MODÈLE DE PENSÉE EN S'APPUYANT SUR CES TROIS PREMIERS CONCEPTS ? QU'EN EST-IL DE L'ŒUVRE DES ALCHIMISTES ET DE LA LUMIÈRE DES HOMMES ?

et de la verte Emeraude au Soufre jaune et au Saphir Bleu, jaillit la lumière

- ④　La Lumière se propage de façon homogène dans toutes les directions du plan basal de l'Emeraude selon un cercle. Le monde circulaire est-il homogène dans le domaine de la Connaissance et de la recherche de la Vérité ? L'homme est-il le Centre de ce Cercle ou le cherche-t-il ?
- ⑤　La Lumière ne pénètre pas la structure **Chao**tique du Soufre amorphe (*ou celle du Mercure liquide*) alors qu'elle transperce la structure ordonnée du soufre cristallisé (structure **Ordo**). Le Chao empêche-t-il la propagation de la Lumière et de la Connaissance ou bien les génère-t-il ? Le Chao recèle-t-il le germe et la potentialité de la Lumière et de le Connaissance ?
- ⑥　Dans le bleu Saphir, la Lumière se métamorphose en une Etoile. Est-ce l'Etoile des Hommes qui crée la Lumière ou bien est-ce leur Lumière qui engendre l'Etoile ? La Connaissance des hommes brille-t-elle dans le Cosmos au milieu de leurs certitudes illusoires ? Qu'en est-il du Petit Œuvre des Alchimistes ? La Lumière peut-elle changer les métaux imparfaits en Argent et l'homme brut en Être Pensant ?

Éclipser, Occulter momentanément la Lumière favorise la révélation de vérités insoupçonnées, comme lors des éclipses solaires.

L'Éclipse de Lumière permet de découvrir au fond des cryptes, des grottes, des cavernes, de soi-même ... l'indiscernable, l'invisible, l'impalpable, l'inapparent et l'imperceptible.

Bijou du Maître de Lumière

La Lumière en l'Homme

- La matière recèle en son sein un potentiel de Lumière *(triboluminescence, thermoluminescence, photoluminescence, phosphorescence, radioactivité, etc.)* et peut la générer.
Par analogie, comment révéler la Lumière intérieure de l'homme ?
La Lumière est-elle tapie au plus profond de tout Homme, prête à jaillir ?

- L'homme initié crée la Lumière par sa Pensée, son Cœur et ses actions créatrices.

La Lumière qui éclaire les hommes vient-elle également d'ailleurs ? Quel ailleurs ? Du Haut par le Zénith, du Bas par le Nadir, de l'horizontalité du monde par le Septentrion, le Midi, l'Occident ou l'Orient ?

L'homme Initié

L'Homme solaire tient dans ses mains le feu et un globe diurne

L'homme lunaire tient un globe nocturne parsemé de lueurs réfléchies et un miroir.

Homme ! quel que soit le bandeau qui entrave tes perspectives :

Regarde vers le Haut et tu découvriras la Lumière

Regarde vers le Bas et tu percevras la Lumière

Regarde du Midi au Septentrion, de l'Occident à l'Orient et tu verras

car Lumière et Connaissance sont de toutes parts pour le véritable Initié.

Pénètre au plus profond de tes ténèbres et tu comprendras.

Semblables au Soleil qui génère la Lumière et à la Lune qui la reçoit et la reflète, certains hommes créent la Connaissance ; d'autres la transmettent.
Identique au Cosmos, tout est complémentaire chez l'Homme initié, simultanément solaire et lunaire.

L'homme vrai est constamment à la recherche de la Lumière et pénètre au plus profond des ténèbres pour la découvrir. L'homme solaire est énonciateur, l'homme lunaire transmetteur. L'homme authentique fusionne ces deux concepts et organise la noce des lumières.

Lumière visible et non visible

Le Penseur de Lumière

Haut : La lumière physique que l'homme reçoit à travers le filtre de ses yeux est analysée par son cerveau. Il la décompose et l'analyse. Cette lumière physique, constitue et symbolise le Savoir, le Conscient, le Quantitatif, la Matérialité des choses et des Êtres.

Les radiations lumineuses non visibles par l'homme (au delà de l'infra rouge et de l'ultra violet, en gris sur l'image mais dont l'aire est infinie), ne sont pas quantifiables par le cerveau. Cette lumière invisible symbolise pour l'Initié, l'éveil de la conscience et permet l'intuition juste. Cette frange de lumière non visible est Indicible, Inquantifiable, Subtile et symbolise la Connaissance.

La Lumière invisible par l'œil, constitue-t-elle le domaine du Spirituel, de la Métaphysique, de l'Irréel, du Rêve, de l'Intuition, de l'Inconscient, du Sentiment du Cœur, de l'Accomplissement, du Désir et de bien d'autres perceptions ? Comment se comporte le Franc-maçon face à ces aspects qui échappent à la mesure quantitative mais appartiennent au domaine du ressenti ?

Bas : L'homme est capable de fusionner les divers aspects de la lumière, matérielle et spirituelle, pour approcher la Grande Lumière. Qu'est-ce la Grande Lumière ? La Connaissance, l'Intelligence, l'Amour ?

Mot de la Tradition et Mot de Passe
Apolon
Ardeur

Ouverture / fermeture
La Lumière apparaît
La Lumière s'efface

Age
L'Âge de la première Lumière

Le Sautoir du Maître de Lumière

Le Tablier du Maître de Lumière

La lumière jaillit des ténèbres et la Connaissance de l'ignorance

Tentures

LA LUMIÈRE et L'ORIENT ETERNEL

31

Lorsque l'homme rejoint l'Orient Eternel, la Lumière qu'il porte en lui et sa Connaissance s'éteignent

Il retourne à l'origine du monde

La Lumière des hommes s'engloutit et se dissout dans l'Orient Eternel.

Etait-elle la connaissance spécifique à chacun d'eux ou une partie de la connaissance universelle ?

Que représente cette Lumière fugace pour les hommes ?

Est-elle la fusion de la Matière, de l'Esprit et de l'Infini ?

La Lumière, le trou noir et l'Univers selon PHYSICOS	La Lumière, l'Orient Eternel et l'Homme selon METAPHYSICOS
Le trou noir est un corps céleste, de type circulaire, difficile à détecter	L'Orient Eternel, immatériel et indiscernable, ne peut se circonscrire. Il est protéiforme
Il est constitué de matière condensée	Il disperse la matière et devient intemporel
Matière, Couleur et Lumière y sont piégées et ne peuvent s'en extraire. Il est noir	Rien ne s'en échappe, rien n'est révélé. Il éteint les secrets, Il est silence éternel
La matière y est aspirée, engloutie, surchauffée	L'homme y est précipité, annihilé, dématérialisé
Il n'émet que du rayonnement X	L'Orient Eternel exhale l'Œuvre des hommes
Seule l'attraction faiblissante des particules en fonction de l'éloignement révèle la présence d'un trou noir	L'Orient Eternel dissout lentement au cours du temps les œuvres et les pensées qui s'amenuisent et disparaissent
Il est entouré d'un disque d'accrétion spiralé constitué de matière qui se précipite irréversiblement en son sein	L'Orient Eternel aspire inexorablement tous les hommes au terme du tourbillon de leur vie
Le temps s'écoule différemment à proximité du trou noir	Le temps se précipite et se dérobe à l'approche de l'ultime initiation
Les lois de la nature peuvent éteindre la Lumière	Les lois de la nature peuvent anéantir les constructions matérielles des hommes mais pas leur spiritualité
La lumière physique est quantifiée. Tout se mesure en elle	La Lumière des hommes n'est ni chiffrable, ni mesurable. Elle est immatérielle

Le trou noir, l'Orient Eternel et l'Homme

Avant son entrée dans l'Orient Eternel, le véritable Maître de Lumière n'a connu ni la servitude, ni l'aliénation, ni la désespérance, ni l'effondrement.

En tous lieux et en tous temps, il réinvente la Lumière car les hommes ne peuvent pas gommer la Lumière pour de longs temps.

Lorsque les hommes l'éteignent par ignorance, ambition, cupidité ou despotisme, elle réapparaîtra tôt ou tard, ici ou ailleurs.

La Lumière des hommes peut être brisée pour un temps, jamais pour tous les temps.
Elle renaîtra inéluctablement.

Alors que la lumière de chaque homme s'éteint individuellement dans l'athanor de sa vie, la Lumière de l'ensemble des hommes est toujours renaissante, toujours jaillissante et génératrice de Vie.

La Vie vainc la mort.

DE LA CONNAISSANCE À L'HOMME

LUMIÈRE REELLE ET LUMIÈRE VIRTUELLE

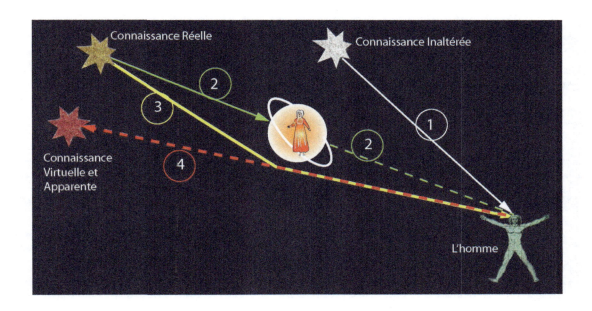

- ① La Lumière du Cosmos, considérée par certains comme le Principe Créateur, atteint directement l'homme sans subir d'influence. Il perçoit la Connaissance inaltérée. Est-ce possible ?

- ② La Lumière est arrêtée, dans le Cosmos, par un corps céleste et ne parvient plus à l'homme. Qui peut empêcher la Connaissance d'atteindre les hommes ? Les hommes eux-mêmes ?

- ③ La Lumière est déviée à proximité d'un astre, le contourne et atteint finalement l'Homme. Dès lors, il tourbillonne dans le monde de l'illusion ou de la croyance obscure. Il voit mais il confond réalité et apparence.

- ④ Dans ce cas l'Homme ne perçoit que l'image virtuelle (*étoile rouge sur le dessin*) de l'Etoile réelle (*étoile jaune*). Il ne contemple qu'une image virtuelle du monde, qu'une image virtuelle de la Connaissance, qu'une image virtuelle de lui-même. Tout lui est apparent.

NOTRE LUMIÈRE PROFONDE EST-ELLE PURE, ILLUSOIRE OU ALTÉRÉE PAR LES HOMMES ?

QUELLE EST LA VALEUR ET L'AUTHENTICITÉ DE NOTRE CONNAISSANCE, DE NOTRE VÉRITÉ ? FONDÉES OU ILLUSOIRES ?

QU'EN EST-IL DE NOS ŒUVRES, DE NOS CRÉATIONS, DE NOS RÉALISATIONS, DE NOS CONSTRUCTIONS, DE NOS ASPIRATIONS, DE NOS ESPÉRANCES ?

LA LUMIÈRE, LA CONNAISSANCE ET LA CRÉATION PEUVENT-ELLES " ETRE " SANS SUBIR D'INFLUENCES ?

LA LUMIÈRE DU CHERCHEUR CORRESPOND AU SAVOIR ;

CELLE DU CHERCHANT CONCERNE LA CONNAISSANCE

Maître Fédérateur

RASSEMBLER LES HOMMES, LES SIMILITUDES,
LES DIFFÉRENCES, LES CONTRAIRES

La légende du grade

Homme, écoutez la légende du grade du Maître Fédérateur.

Pas après pas, Il vient de s'enrichir de la Connaissance des trente et uns premiers degrés du Rite Futura. Chacun d'eux a engendré une spiritualité spécifique symbolisée par une bannière représentative. Toutes sont uniques, incomparables, distinctives, originales. Chacune d'elles ne peut isolément représenter l'esprit du Rite Futura. Pour cela, il faut les fédérer, les sublimer afin d'atteindre la quintessence du Rite.

Proposé pour accéder au grade de Maître Fédérateur, réservé aux hommes de haute valeur morale, il s'engage à fédérer sans relâche, dans et hors du temple. Mission spécifique essentielle des Francs-Maçon du Rite Futura et des hommes ouverts au monde.

Porteur de la bannière, il fédère non seulement les individus, leurs objectifs, leurs projets, leurs outils, leurs plans, leurs réalisations, mais également leur Savoir, leur Connaissance, leur Intelligence créatrice, leur Spiritualité, leur Vision du monde.

Fédérer consiste à transmuter et valoriser dans un creuset, véritable athanor, les spécificités de chacun, tout en les préservant précieusement.

Fédérer le Maître maçon, le Maître forgeron, le Maître verrier, le Maître sculpteur, pour Unir la pierre, le métal, le verre, la statue pour associer les cultures et les spécificités sans les dénaturer afin de grandir l'Œuvre, de grandir avec l'Œuvre.

Unir les similitudes, unir les contraires

Fédérer les Hommes différents et les différences des Hommes
leurs potentialités de Création, leurs **diversités**, leurs intelligences, leurs passions constructives, leurs désirs de perfection, leurs espérances, leurs sens de la prise de décision, leurs visions spirituelles du monde, leurs quête de Savoir, leurs potentiels de Connaissance,
Tout ce qui façonne l'homme en devenir

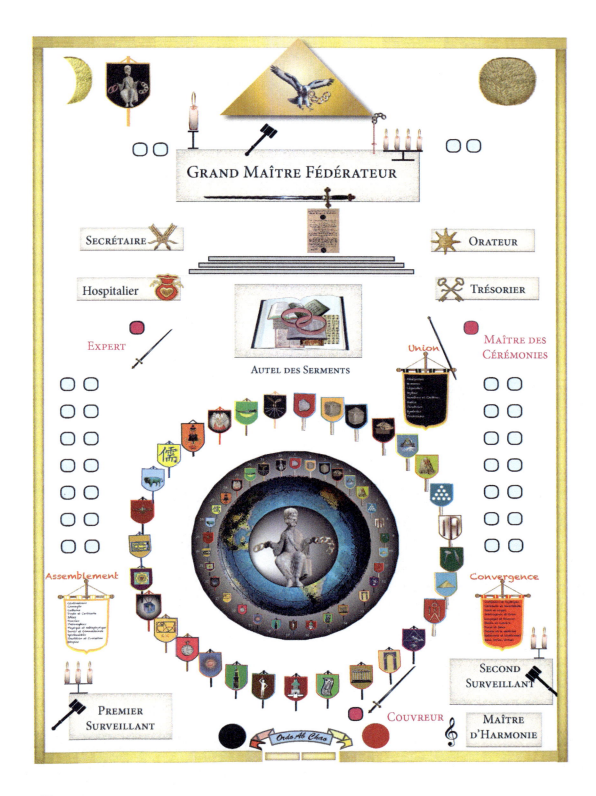

La Loge du Maître Fédérateur

agencée pour célébrer la Cérémonie des Bannières

32

Sceptre du Maître Fédérateur

Bijou du Maître Fédérateur
La chaîne ouverte au monde

La bannière du Maître Fédérateur

Ethique du Fédérateur

- Il analyse les potentialités des hommes.
- Il cherche à assembler.
- Il respecte les spécificités de chacun.
- Il fédère pour sublimer et atteindre la quintessence.
- Il recherche les convergences et les différences pour les unir et les valoriser.
- Il respecte les similitudes, les dissimilitudes, les oppositions et les contraires.
- Il rassemble les volontés créatrices.
- Il unit les anneaux épars de l'humanité en une chaîne solide et fraternelle.
- Il associe le jour et la nuit, le nadir et le zénith, l'Orient et l'Occident, le Septentrion et le Midi.
- Il fédère l'Homme, la Terre et le Cosmos.
- Il associe les symboles.
- Il est convergence et Centre de l'Union.
- Il rapproche la pensée et la spiritualité.
- Il juxtapose les paroles et les silences.
- Il assemble les concepts et les cultures.
- Il rapproche les acquis et les idées.
- Il cherche les analogies entre Physique et Métaphysique ; Chimie et Alchimie ; Mathématiques et nombres mystérieux.
- Il rapproche les pensées et les idées.
- Il laisse toujours un maillon ouvert à sa chaîne.
- Il est rassembleur.

Quelques thèmes de réflexion

- Unir les Similitudes et les Contraires.
- Spécificité et symbolisme des bannières.
- L'essence fédératrice du Rite Futura.
- Fédérer sans relâche.
- La quintessence du Rite Futura.
- Savoir fédérer dans et hors du Temple.
- Que faut-il fédérer ?
- Unir les compétences pour Bâtir, Construire et Créer.
- Le Tableau de loge du Fédérateur.
- La Cérémonie des Bannières.
- Fédérer les Hommes, la Terre et le Cosmos.
- Union, Assemblement, Convergence.
- Le mot de la Tradition et le mot de Passe.
- La Chaîne s'ouvre ; la Chaîne s'enrichit.
- Deux puissance cinq (2^5).
- Les décors du Maître Fédérateur.
- Fédérer en conservant les spécificités de chacun.
- Rassembler les Bannières.
- Fédérer le monde, du Noir au Blanc, au Rouge.
- Unir la Tradition et l'Evolution.
- Associer les utopies pour Créer.
- Réunir et unir ce qui est épars.

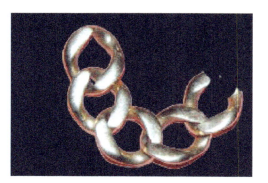

Laisser la Chaîne ouverte pour accueillir de nouveaux anneaux de pur métal

Tableau de Loge du Fédérateur

Le Fédérateur est au centre du Tableau de Loge, assis et bienveillant. Il tient dans sa main droite deux anneaux inséparables symbolisant l'union indéfectible et dans sa main gauche une chaîne ouverte destinée à accueillir tous les Bâtisseurs, les Constructeurs et les Créateurs qui désirent offrir à l'humanité leurs Savoirs et leurs Connaissances.
Le Fédérateur se détache sur une sphère grise unissant le jour et la nuit.
Autour de lui se détache un globe unissant la terre et l'eau, la matière et l'esprit, le cœur et l'intelligence.
En périphérie de ce tableau circonscrit par un polygone à trente-deux côtés représentant le Cosmos, s'affichent les Bannières du Rite Futura, réunies prêtes à se fédérer.

Fédérer les hommes, la Terre et le Cosmos

32

Mot de la Tradition et Mot de Passe	Ouverture / fermeture
Anderson Assemblement	La Chaîne d'Union s'ouvre La Chaîne d'Union s'enrichit

Âge
Deux puissance 5

TENTURES

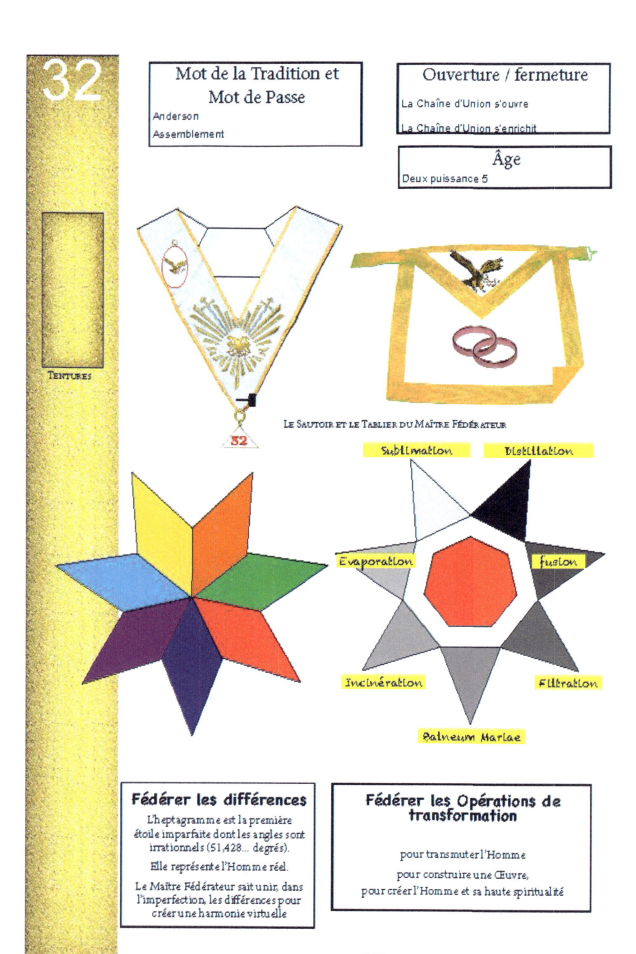

Le Sautoir et le Tablier du Maître Fédérateur

Sublimation — Distillation — Evaporation — Fusion — Incinération — Filtration — Balneum Mariae

Fédérer les différences

L'heptagramme est la première étoile imparfaite dont les angles sont irrationnels (51,428... degrés).

Elle représente l'Homme réel.

Le Maître Fédérateur sait unir, dans l'imperfection, les différences pour créer une harmonie virtuelle

Fédérer les Opérations de transformation

pour transmuter l'Homme

pour construire une Œuvre,
pour créer l'Homme et sa haute spiritualité

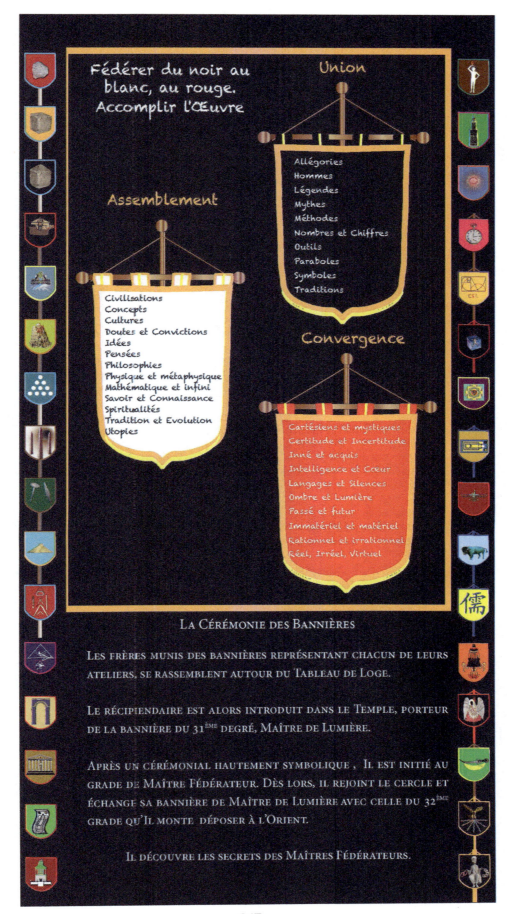

Très Illustre Gouverneur
DE L'HOMME À L'HOMME ACCOMPLI

La légende du grade

Lors de son initiation à la Franc-Maçonnerie, le profane, plongé dans le Cabinet de Réflexion rédige un testament philosophique dans lequel il précise les motivations qui l'ont incité à frapper à la porte du Temple.
De nombreuses années plus tard, arrivé à l'ultime degré du rite Futura, sa vision du monde a évolué. Il aspire maintenant à exprimer les sentiments qu'il ressent au terme ce long, généreux et passionnant Chemin. Il rédige, en son for intérieur, sans complaisance et sans témoin, son dernier testament philosophique qu'il conserve au plus profond de lui-même et qui grave dans la pierre, le sens qu'il a décidé de donner à sa vie d'Homme.

Quelles sont les valeurs de son expérience, de son vécu, du chemin emprunté ? Après un enrichissement de trente trois initiations, toutes richement gravées dans son esprit, une seule et ultime lui restera à surmonter : franchir la " Porte Basse " derrière laquelle se profile l'Orient Éternel. Jusqu'à la dernière lueur de son regard, il persiste. Il veut encore pouvoir Bâtir, Construire et Créer. Il souhaite que sa vie soit un éclair dans le cosmos de l'Humanité. Éclair fugace certes, mais qui participe à l'enrichissement matériel, spirituel et moral des hommes. Dès lors, grâce aux missions qu'il s'impose encore, à l'idéal qu'il élabore, **sa vie aura un sens**. Il rejoindra dans l'athanor des hommes, ceux qui ont contribué à l'élévation de la pensée humaine :

Ce grade sommital converge avec la pensée du Franc-Maçon Oswald WIRTH : " *EN VOUS INITIANT À SES MYSTÈRES, LA FRANC-MAÇONNERIE VOUS CONVIE À DEVENIR DES HOMMES D'ÉLITE, DES SAGES OU DES PENSEURS, ÉLEVÉS AU DESSUS DE LA MASSE DES ÊTRES QUI NE PENSENT PAS* ".

Pour sa dernière initiation vécue au sein des hommes, le futur Très Illustre s'accorde " **Trois Suspensions du Temps** " au cours desquelles il fait le bilan de sa vie, de ses actions, de ses réalisations et énumère les perspectives qu'il revendique.

Telles sont la philosophie et l'Ethique des Francs-Maçons du Rite FUTURA en général et du trente-troisième degré en particulier.

TENTURES

BANNIÈRE

Mot de la Tradition et Mot de Passe
Gœthe
Lumière tu es

Ouverture / fermeture
L'heure de la Chambre Noire
L'heure de la Chambre Rouge

Age
Trois fois trente trois ans

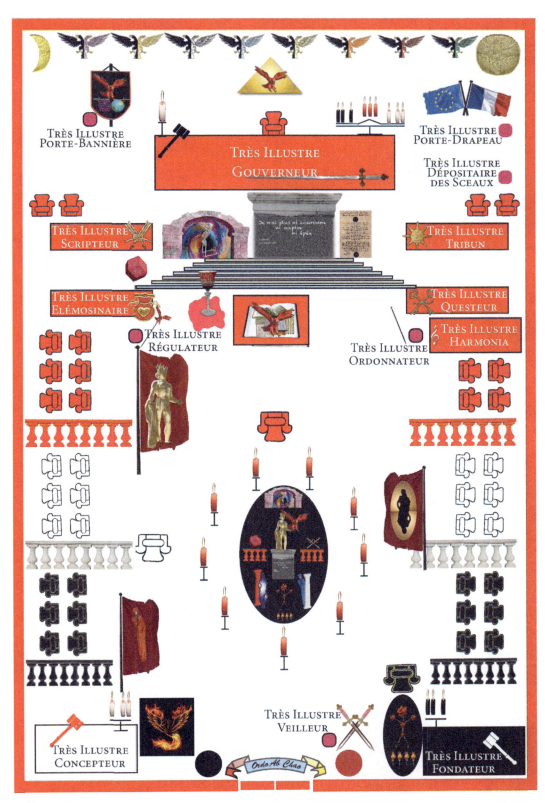

La Loge de l'Illustre Conseil

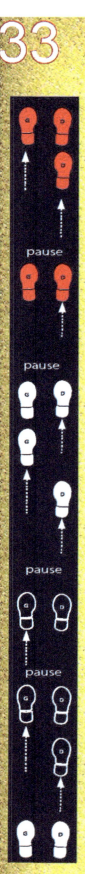

Ethique du Très Illustre Gouverneur

- Il cherche ses origines et en déduit ses prospectives.
- Il identifie le " Bien " et le " Mal " et les différencie.
- Il attribue un " sens à la vie " et un " sens à la mort ".
- Il relie " matière et esprit ", " vie et mort ".
- Il connaît l'Eternité des Francs-Maçons.
- Il entreprend avec droiture.
- Il définit ses devoirs.
- Il œuvre sans esprit de récompense matérielle.
- Il travaille au bonheur de l'Homme.
- Il refuse l'oppression, la tyrannie et l'aliénation.
- Il ne farde jamais la vérité.
- Il combat le fanatisme et l'intolérance.
- Il maîtrise ses viles passions par la volonté.
- Il approfondit les interrogations de l'homme.
- Il agit avec Intelligence et Perspicacité.
- Il élabore de nouveaux systèmes de pensée.
- Il vit pour agir.
- Il combat l'erreur et l'ignorance.
- Il obéit aux lois de la Nature dont celles de l'Homme.
- Il s'élève à partir de lui-même sans détruire l'autre.
- Il se sacrifie pour l'honneur et le droit.
- Il instruit afin d'élever les hommes.
- Il éclaire ses semblables afin de les améliorer.
- Il développe le sens du devoir et de la vérité.
- Il rejette les idées préconçues et les préjugés.
- Il est homme de Gouvernance.
- Etc.

Quelques thèmes de réflexion

- La Porte basse et l'Orient Eternel.
- Le Croyant, l'Agnostique et l'Athée faces à l'Absolu.
- Ni couronne, ni sceptre, ni épée ?
- Gouverner les hommes.
- Ultimes Créations.
- L'introspection du Franc-Maçon ?
- Suis-je Digne ?
- Le regard, la spiritualité et la mission de l'Aigle.
- Donner une Conscience à sa Vie.
- La métaphysique des Enfants de la Veuve.
- Fils de la Lumière, tu es.
- Espérer personnifier la Lumière.
- Corriger les imperfections de son action.
- Enraciner les Vertus dans le monde.
- Le Très Illustre Gouverneur et l'Utopie.
- Quel délai pour finaliser nos actions ?
- La Pierre Trigonale de Cinabre, objectif destiné à créer pour l'Homme.
- La Créature la plus élaborée de l'Univers : sa pensée, ses aspirations.
- Construire pour élever sa spiritualité au dessus du quelconque.
- La Coupe de la Vérité.
- S'affairer aux ultimes créations.
- Ecouter, Comprendre, Réfléchir, Décider.
- Tendre la main à ceux qui peinent.
- Etc.

La Porte Basse derrière laquelle se profile l'Orient Eternel ...

... constitue le dernier rite de passage des hommes. Elle mène à

" l'Eternité des Francs-Maçons ".

Le sautoir orné du Bijou du Très Illustre Gouverneur.

Le tablier du Très Illustre Gouverneur.

Le bijou du Très Illustre Gouverneur.
L'aigle aux ailes déployées du Très Illustre symbolise la vigilance de tous les instants au service de la Gouvernance

Décors du tablier du Très Illustre Gouverneur.

33

Les trois fondamentaux du Rite FUTURA

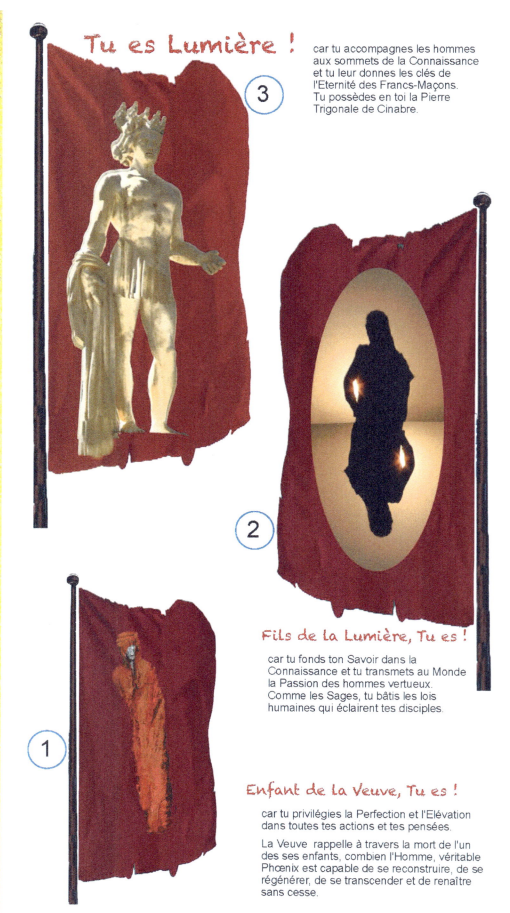

Tu es Lumière !

car tu accompagnes les hommes aux sommets de la Connaissance et tu leur donnes les clés de l'Eternité des Francs-Maçons. Tu possèdes en toi la Pierre Trigonale de Cinabre.

Fils de la Lumière, Tu es !

car tu fonds ton Savoir dans la Connaissance et tu transmets au Monde la Passion des hommes vertueux. Comme les Sages, tu bâtis les lois humaines qui éclairent tes disciples.

Enfant de la Veuve, Tu es !

car tu privilégies la Perfection et l'Elévation dans toutes tes actions et tes pensées.

La Veuve rappelle à travers la mort de l'un des ses enfants, combien l'Homme, véritable Phœnix est capable de se reconstruire, de se régénérer, de se transcender et de renaître sans cesse.

Le tableau de Loge du Très Illustre Gouverneur.

Il s'inscrit dans un ovale noir. Cette représentation oviforme suggère le renouvellement infini de la Nature et du Cosmos. Le Tableau de Loge du trente troisième degré rassemble deux types de mort : en haut, la Porte Basse laisse percevoir l'Orient Eternel. Elle constitue la dernière Initiation du Franc-Maçon. En bas, l'Homme du Temple, brûlé sur un bûcher par fidélité à son Idéal.

Deux colonnes ornent le Tableau : une blanche derrière laquelle se dissimule " la Veuve " qui apprend que l'homme, dès lors qu'il maîtrise les outils de la Perfection et de l'Elévation, est capable de se reconstruire, de se régénérer, de se transcender, de renaître sans cesse et une rouge devant laquelle se présente le Fils de la Lumière, détenteur d'une part de la Connaissance.

Au centre du Tableau repose une stèle sur laquelle est gravée une maxime de Gœthe extraite du conte symbolique le " Serpent Vert " et qui caractérise le Franc-Maçon accompli, " *Je n'ai plus ni couronne, ni sceptre, ni épée* ".

Le franchissement des deux balustrades rouges permet l'accession à l'Homme Lumière qui tient dans sa main gauche un aigle, ailes déployées qui symbolise la Vigilance à travers la Gouvernance. Deux poignards pour défendre le Temple de l'Intérieur et de l'Extérieur ornent la balustrade de droite ainsi que la Pierre de Cinabre posée sur celle de gauche.

La Pierre de Cinabre

Transmettez aux hommes de haute valeur morale ces messages d'exigence.

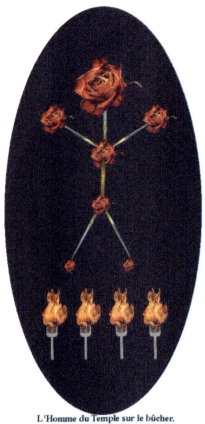

L'Homme du Temple sur le bûcher.

LA BAGUETTE DU TRÈS ILLUSTRE RÉGULATEUR

Il rappelle l'anéantissement de l'Ordre du Temple en l'an 5312 de vraie Lumière.

(Quatre torches symbolisent quatre millénaires, la tête évoque mille ans de plus, les trois roses composant les deux bras et le plexus correspondent à trois cents ans, la rose située au bas de l'abdomen ajoute dix ans et les deux pieds représentent deux ans).

Homme, pourquoi ?
- Mourir pour ses Devoirs par le maillet sur le pavé du Temple ?
- Mourir pour l'Amour des autres sur une Croix ?
- Mourir pour sa Différence de Penser sur le bûcher ?
- Mourir pour ses Racines, une étoile sur le cœur ?

Liberté dans l'Harmonie,

Egalité dans la Loi,

Fraternité dans l'Équité

Le Franc-Maçon du Rite FUTURA bannit l'Inquisiteur

Maxime de Johann Wolfgang von Goethe extraite du conte symbolique " le Serpent vert " ralliant l'éthique du 33ème degré " Très Illustre Gouverneur " du Rite Futura.

Poignards destinés à défendre l'Intérieur et l'Extérieur de l'Edifice humain.

Le chandelier posé sur le plateau du " Très Illustre Gouverneur ".

Drapeau du Très Illustre Gouverneur intimement lié à celui du Pays hôte.

Gouverner, de Gaïa au Cosmos

La Coupe de la Vérité.

Son breuvage répudiera ou confirmera.

Veiller à l'Équité pour Gouverner

BIBLIOGRAPHIE

Les Constitutions d'Anderson, 1723

Le Rite Futura, Amazon, R. - C. HUQLOSA, 255 pp. quadrichromie, 2020

Le Rite Futura Rituels du 1er au 11ème degré, Amazon, R. - C. HUQLOSA, 284 pp. 2020

Le Rite Futura Rituels du 12ème au 22ème degré, Amazon, R. - C. HUQLOSA, 273 pp. 2020

Le Rite Futura Rituels du 23ème au 33ème degré, Amazon, R. - C. HUQLOSA, 264 pp. 2020

Progression Initiatique à travers les 33 degrés du Rite Ecossais Ancien et Accepté. R. - C. HUQLOSA, 190 pp. OXUS 2017

24ème degré   GAMOV G. 1957, Ed. Dunod Paris, 98 p. Monsieur Tompkins au Pays des Merveilles. Variation du temps indiqué par une horloge mobile et une horloge fixe

ROMAIN J. 1885 - 1972 . Le temps s'écoule. Et chaque fois qu'il y a du temps …

25ème degré   (http://www.sibtayn.com/fr/index.php?option=com_content&view=article&id=297:la-bataille-du-fosse&catid=60&Itemid=287)

Les 20 dates clés de l'Islam. Le Monde des Religions, Collection Histoire, hors série n° 24 / juin 2016

26ème degré   https://petitoutil.wordpress.com/category/outils-de-charpentier/

Principaux ouvrages de l'Auteur

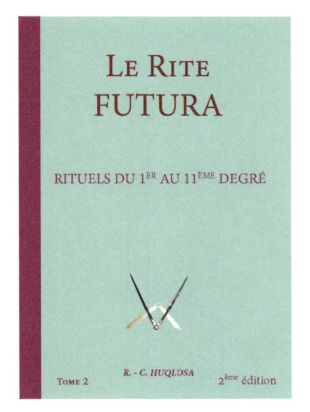
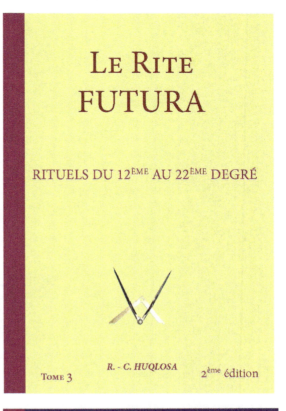

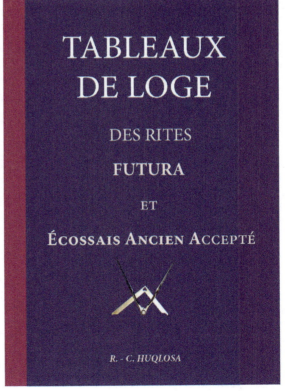

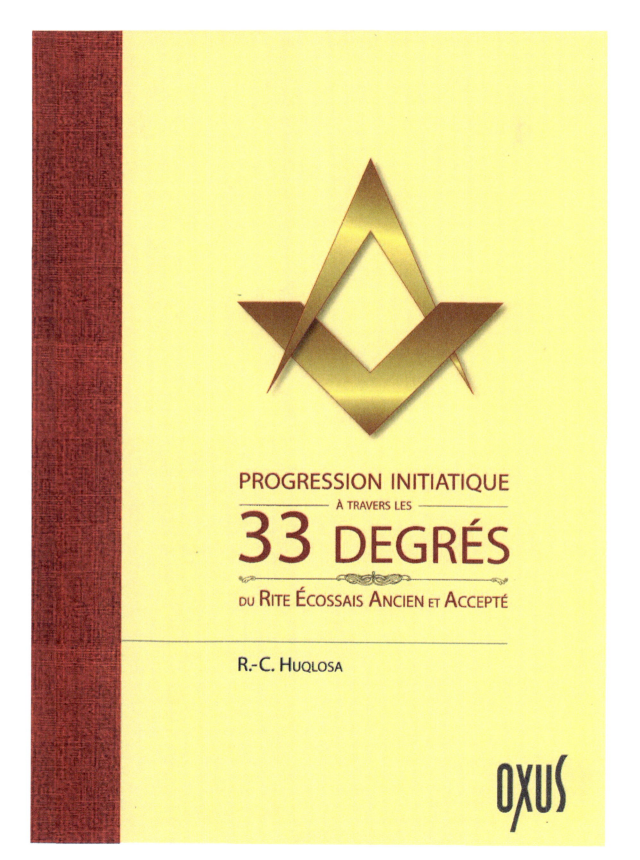

Printed by Amazon Italia Logistica S.r.l.
Torrazza Piemonte (TO), Italy

51966274R00145